Nonverbale Marktkommunikation

Konsum und Verhalten 11

Herausgegeben von

G. Behrens, Wuppertal · K. P. Kaas, Frankfurt · W. Kroeber-Riel, Saarbrücken
V. Trommsdorff, Berlin · P. Weinberg, Paderborn

Band 1
W. Kroeber-Riel und G. Meyer-Hentschel
Werbung – Steuerung
des Konsumentenverhaltens
1982. 216 Seiten. Geb. DM 98,–
ISBN 3-7908-0269-7

Band 2
Hans-Peter Hossinger
Pretests in der Marktforschung
1982. 267 Seiten. Geb. DM 66,–
ISBN 3-7908-0272-7

Band 3
Forschungsgruppe Konsum und
Verhalten (Hrsg.)
Innovative Marktforschung
1983. 266 Seiten. Geb. DM 98,–
ISBN 3-7908-0289-1

Band 4
Beate von Keitz
Wirksame Fernsehwerbung
1983. 196 Seiten. Geb. DM 56,–
ISBN 3-7908-0291-3

Band 5
Ulrike Bleicker
Produktbeurteilung der Konsumenten
1983. 245 Seiten. Geb. DM 59,–
ISBN 3-7908-0292-1

Band 6
Gundolf Meyer-Hentschel
Aktivierungswirkung von Anzeigen
1983. 236 Seiten. Geb. DM 59,–
ISBN 3-7908-0298-0

Band 7
Matthias Ernst
Die Nutzung von
Bildschirmtext-Informationen
für Konsumgüter-Kaufentscheidungen
1985. 264 Seiten. Geb. DM 68,–
ISBN 3-7908-0330-8

Band 8
Bruno Neibecker
Konsumentenemotionen
Messung durch computergestützte Verfahren
– Eine empirische Validierung nicht-
verbaler Methoden –
1985. 198 Seiten. Geb. DM 59,–
ISBN 3-7908-0335-9

Band 9
Michael Dieterich
Konsument und Gewohnheit
– Eine theoretische und empirische Unter-
suchung zum habituellen Kaufverhalten –
1986. 369 Seiten. Brosch. DM 69,–
ISBN 3-7908-0338-3

Band 10
Franz-Josef Konert
Vermittlung emotionaler Erlebniswerte
– Eine Marketingstrategie für
gesättigte Märkte –
1986. 272 Seiten. Brosch. DM 65,–
ISBN 3-7908-0339-1

Peter Weinberg

Nonverbale
Marktkommunikation

Mit 24 Abbildungen

 Physica-Verlag Heidelberg

Professor Dr. Peter Weinberg, Lehrstuhl für
Betriebswirtschaftslehre, insb. Absatz-, Konsum- und
Verhaltensforschung, Universität – GH – Paderborn,
Warburger Straße 100, D-4790 Paderborn, FRG

ISBN-13: 978-3-642-64897-7   e-ISBN-13: 978-3-642-61654-9
DOI: 10.1007/978-3-642-61654-9

CIP-Kurztitelaufnahme der Deutschen Bibliothek

Weinberg, Peter:
Nonverbale Marktkommunikation / Peter Weinberg. –
Heidelberg : Physica-Verlag, 1986.
   (Konsum und Verhalten ; Bd. 11)
   ISBN-13: 978-3-642-64897-7

NE: GT

© Physica-Verlag Heidelberg 1986
Softcover reprint of the hardcover 1st edition 1986

Druck- und Bindearbeiten: Weihert-Druck GmbH, Darmstadt
7120/7130 – 543210

Vorwort

"Nonverbale Marktkommunikation" betrifft die Gesichts- und Körpersprache von Konsumenten beim Einkauf sowie die Beeinflussung des Konsumentenverhaltens mittels nichtsprachlicher Signalsysteme. Gemäß dieser Titelinterpretation gibt diese Schrift einen zusammenfassenden Überblick über empirische Forschungsprojekte, die am Lehrstuhl für Absatz-, Konsum- und Verhaltensforschung der Universität -GH- Paderborn durchgeführt worden sind.

Meine Mitarbeiter Dr. Franz-Josef Konert, Dipl.-Kfm. Sigrid Bekmeier und Dipl.-Kfm. Marion Schoppe haben mich mit zahlreichen Anregungen versorgt. Meine Sekretärin Frau Ingrid Tegethoff kümmerte sich um die Reinschrift des Manuskriptes. Als Testleser haben Dipl.-Kfm. Andrea Gröppel und Dipl.-Kfm. Heiner Spieker zu mehreren Verbesserungen beigetragen. Die Koordination aller Arbeiten bis zur druckreifen Endfassung oblag Dipl.-Kfm. Petra Schukart.

Allen danke ich sehr herzlich.

Peter Weinberg

INHALTSVERZEICHNIS

1.   Zur Problemstellung
1.1   Begriffliche Grundlagen
1.1.1 Definition der nonverbalen Marktkommunikation

In Anbetracht der begrifflichen Vielfalt in der Sozialpsychologie empfiehlt sich aus anwendungsorientierter Sicht für
die Marktkommunikation der Konsumenten ein weitgefaßter
Begriff. Unter nonverbaler Kommunikation werden hier die
persönliche Kommunikation und die Massenkommunikation verstanden, die sich nicht auf sprachliche Informationsübertra-
gungen stützen (nach dieser Einteilung ist auch die vokale
Kommunikation eine Form der nicht-sprachlichen Kommunikation).

Dieser Begriff läßt zwei Formen der nonverbalen Marktkommunikation zu:

- die Kommunikation mittels Gesichts- und Körpersprache
- die Kommunikation mittels materieller Gegenstände

Während die erstgenannte Form in der sozialpsychologischen
Literatur unumstritten ist (vgl. etwa die Standardwerke von
Argyle, 1979 sowie Scherer und Wallbott, 1979 und die dort
angegebene Literatur), gibt es zu der letztgenannten Form
nur wenige Untersuchungen. Bei der Kommunikation mittels
Gegenständen geht es um materielle Verständigungsmittel wie
Kleidung, Möbel, Dinge des täglichen Bedarfs usw. Beide
Formen der nonverbalen Kommunikation findet man in der persönlichen Kommunikation und in der Massenkommunikation (z.B.
die Mimik eines Sprechers, Verwendung von Bildern oder materiellen Verständigungsmitteln).

Im Mittelpunkt dieses Buches steht die nonverbale Marktkom-

munikation mittels Gesichts- und Körpersprache, wobei folgende Kommunikationskanäle unterschieden werden können:

- auditiv: z.B. Variation der Stimmfrequenz
- visuell: z.B. Mimik, Gestik, Körpersprache
- taktil: z.B. Hauptkontakte
- olfaktorisch: z.B. Körpergeruch
- thermal: z.B. Körperwärme
- gustatorisch: z.B. Geschmack

Nach Argyle (1979, S. 105 f.) kann man folgende Anwendungsbereiche der nonverbalen Kommunikation unterscheiden:

- Äußerungen von Gefühlen und Einstellungen
- Mitteilungen über die Persönlichkeit des Kommunikators
- Unterstützung der verbalen Kommunikation
- Teilnahme an gesellschaftlichen Riten und Zeremonien
- Beeinflussung in der Gesellschaft

Der zuletzt genannte Anwendungsbereich charakterisiert das
Anliegen dieses Buches in besonderer Weise, da im Mittelpunkt die nonverbale Marktkommunikation der Konsumenten
steht. Jedermann weiß aus persönlicher Erfahrung, daß es
nonverbal möglich ist, eigene Verhaltensabsichten auszudrücken und fremde Verhaltensweisen zu beeinflussen.

Da es hier um die Beobachtung des emotionalen Verhaltens von
Konsumenten geht, kommt dem visuellen Kommunikationskanal
die überragende Bedeutung zu. Nach den empirischen Befunden,
über die berichtet wird, scheint die Gesichtssprache vor
allem geeignet zu sein, Arten von Emotionen auszudrücken,
während die Körpersprache die Intensität der empfundenen
Gefühle widerspiegelt. Die Gestik, die besonders enge Bezüge

zur Sprache und zur Handlung aufweist, erleichtert die genaue Zuordnung des gesamten nonverbalen Verhaltens zu einer
bestimmten Emotion.

1.1.2 Beziehungen zwischen verbaler und nonverbaler Kommunikation

Die verbalen Möglichkeiten der Analyse und Beeinflussung des
Konsumentenverhaltens sind in den letzten Jahren vorrangig
untersucht worden. Das belegen zum einen die Veröffentli-
chungen zum Instrument der Befragung im Rahmen der Marktforschung bzw. empirischen Sozialforschung, zum anderen verfügt
die Werbepraxis über umfangreiche Erfahrungen in der verbalen Verhaltensbeeinflussung. Deshalb sollen die grunsätzli-
chen Beziehungen zwischen verbaler und nonverbaler Kommunikation aufgezeigt werden.

Scherer (vgl. Scherer und Wallbott, 1979, S. 25 f.) versucht, die Funktionen des nonverbalen Verhaltens im Gespräch
zu systematisieren und unterscheidet zwischen paraseman-
tischen, parasyntaktischen und parapragmatischen Dimensionen. Dabei stellt die semantische Dimension die Beziehungen
zwischen Zeichen und bezeichnetem Objekt, die syntaktische
Dimension die Beziehungen zwischen den Zeichen und die prag-
matische Dimension die Beziehungen des Zeichengebrauchs zum
Sprecher dar.

Auf der syntaktischen Dimension lassen sich die Segmentation
des Sprachflusses und die Synchronisation verschiedener
Verhaltensweisen unterscheiden. Im ersten Falle ist der
durch nonverbale Zeichen markierte Rhythmus des Sprechens
gemeint, im zweiten Falle geht es um die Regelmäßigkeit und

Wahrscheinlichkeit, mit der verschiedene Kommunikationsweisen gleichzeitig auftreten (z.B. bestimmte Mimiken oder Körperbewegungen beim Sprechen).

An semantischen Dimensionen können die Substitution, Amplifikation, Kontradiktion und Modifikation verbaler Aussagen durch die sie begleitenden nonverbalen Verhaltensweisen unterschieden werden. Im Falle der Substitution, wobei keine verbale Äußerung vorliegt, geht es vor allem um die Verwendung von Sprachzeichen (z.B. Emblemen) in der Kommunikation. Bei der Amplifikation ist an die Betonung, Illustration und Verdeutlichung der verbalen Äußerung zu denken. Im Gegensatz dazu sind bei der Kontradiktion die Widersprüche zwischen verbal und nonverbal kommunizierten Inhalten (z.B. überzogene Emphase zur Verdeutlichung von Ironie) gemeint. Bei der Modifikation gibt es die Möglichkeiten der Verstärkung bzw. Abschwächung des verbal Gemeinten.

Auf der pragmatischen Dimension unterscheidet Scherer die Ausdrucksfunktion und die Reaktion auf Äußerungen des Dialogpartners. Die Ausdrucksfunktion bezieht sich auf den Ausdruck von Persönlichkeitsdispositionen, Affekten und Intentionen durch einen Sprecher (z.B. Feindseligkeit oder Wohlwollen), die den Gesprächsablauf und die Gesprächsdauer wesentlich beeinflussen können. Die Reaktionsfunktion bezieht sich auf den Kommunikationspartner, der nonverbale Signale der Aufmerksamkeit, des Verstehens und Bewertens kommunizieren kann.

Die Erfahrung lehrt, daß der nonverbalen Kommunikation häufig eine höhere Glaubwürdigkeit zukommt als den verbalen Äußerungen. Das gilt besonders dann, wenn sie spontan erfolgt und folglich kognitiv kaum kontrolliert wird. Die würdigkeit hängt also nicht nur von der Person, sondern besonders von der Kommunikationssituation ab. Geschulte Mimen wissen diese Wirkung der nonverbalen Kommunikation zur Verhaltenssteuerung zu nutzen.

Die Kenntnis der Beziehungen zwischen verbaler und nonverbaler Kommunikation ist für das Konsumentenverhalten von erheblicher Bedeutung. Das gilt beispielsweise für

- die Marktforschung: Welche Beziehungen bestehen zwischen Ergebnissen aus Beobachtung und Befragung?

- Käufer-Verkäufer-Beziehungen: Wie wird ein erfolgreiches Verkaufsgespräch nonverbal unterstützt?

- das Kaufverhalten: Inwieweit korrespondieren das bekundete und das beobachtete (insbesondere emotionale) Entscheidungsverhalten?

- die Werbung: Wie werden nonverbale Signale mit werblichen Aussagen glaubhaft attribuiert?

1.1.3 Analyse des emotionalen Verhaltens

Die folgenden Ausführungen beschränken sich auf die Beobachtung des _emotionalen_ Verhaltens, also auf die parapragmatischen Dimensionen der Ausdrucksfunktion und der Reaktion auf Äußerungen des Kommunikationspartners. Diese beiden Aspekte der nonverbalen Kommunikation bedingen nicht verbale Aussagen und umschließen Sender und Empfänger eines Kommunikationsprozesses.

Es hat sich empirisch bewährt, unter Emotionen subjektiv wahrgenommene, zentralnervöse Erregungen zu verstehen (vgl. Kroeber-Riel, 1984, S. 97 f.). Die Motivation drückt zusätzlich eine zielgerichtete Handlungsorientierung aus. Man erhält folgendes Definitionsmuster:

Emotion = Zentralnervöse Erregungen und ihre kognitive Interpretation (Wahrnehmung)

Motivation = Emotion und kognitive Handlungsorientierung

Folgt man diesem Emotionsbegriff, so ist es zweckmäßig, für die Messung drei Komponenten von Emotionen zu unterscheiden:

- Stärke der Emotion: Darunter wird die Intensität der inneren Erregung verstanden, also die objektiv vorhandene, physiologisch meßbare Aktivierung.

- Richtung der Emotion: Man erlebt Emotionen als angenehm oder als unangenehm, also nach dem Vorzeichen ihrer Richtung. Die Emotionsrichtung kann von der Emotionsstärke abhängen (z.B. schmerzliches Lachen).

- Qualität der Emotion: Emotionen werden subjektiv wahrgenommen und je nach Sprachgebrauch in vielfältiger Weise identifiziert. Es geht hierbei also um die Art und die Bedeutung von Emotionen. Emotionsqualitäten drücken meist auch Emotionsrichtungen aus.

Zur Messung dieser Emotionskomponenten bieten sich drei grundsätzliche Möglichkeiten an:

- Erfassung physiologischer Indikatoren
- Erfragung verbalisierbarer Selbstwahrnehmungen
- Beobachtung des motorischen Verhaltens

Mit <u>physiologischen</u> Indikatoren wird in erster Linie die Stärke von Emotionen gemessen. Die Messung konzentriert sich auf bioelektrische Signale, die von der Körperoberfläche abgeleitet werden. Die am häufigsten verwendeten Indikatoren sind hirnelektrische Potentiale (EEG), der Hautwiderstand (EDR), die elektrische Aktivität des Herzens und peripher-physiologische Maße wie Atmung und Blutdruck.

Aber die Bestimmung der Stärke der inneren Erregung reicht zur Beschreibung einer Emotion nicht aus. Hinzu kommt, daß die durchaus validen Verfahren der Aktivierungsmessung in der Regel an Labors gebunden sind.

<u>Verbale</u> Indikatoren eignen sich in besonderer Weise zur Erfassung der subjektiv erlebten Emotion. Bekanntlich verfügt die Sprache über eine Vielfalt von Möglichkeiten, die emotionale Befindlichkeit (also vor allem die Richtung und die Qualität einer Emotion) auszudrücken. Die verbale Wiedergabe von Gefühlsintensitäten stößt jedoch oft auf Artikulationsschwierigkeiten, da emotionale Zustände nur begrenzt artikulierbar sind. Empfehlenswert ist daher ein Vergleich der physiologisch und verbal ermittelten Ergebnisse.

Die Marktforschung verfügt über eine Vielzahl bekannter Verfahren, Emotionen zu erfragen. Unter Berücksichtigung der skizzierten Probleme benutzt man vor allem standardisierte Ratingskalen zur mehrdimensionalen Messung. Am bekanntesten ist in diesem Zusammenhang das Semantische Differential, das zur Itembildung auch Emotionsqualitäten verwendet und die

erlebten Emotionsstärken mit diesen Items erfaßt. Man kann
so Emotionsprofile und Emotionsräume aufzeigen.

Seit kurzem benutzt man neben den standardisierten Item-
batterien auch Bilderskalen, an deren Endpunkten mittels
Pictogrammen oder Bildern bestimmte Emotionen oder emotionale Erlebnisse dargestellt werden. Durch derartige Messungen umgeht man das Problem der Verbalisierung und ruft
innere Empfindungen bzw. gespeicherte Bilder ab, denen eine
besondere Verhaltensrelevanz zugesprochen wird.

Die dritte Meßmöglichkeit betrifft das motorische Verhalten
der Individuen. Diese Verhaltensweisen können beobachtet
werden und erfordern keinen besonderen apparativen Aufwand.
So läßt sich die Mimik für Werbeanzeigen en- und dekodieren
sowie mittels Verfahren des "external variable approach"
analysieren.

Physiologische, verbale und motorische Indikatoren bedürfen
zu ihrer Interpretation einer Vorklärung, welche Emotionen
überhaupt erfaßt werden können. Eine Hilfe hierzu leisten
Izard (1980, S. 106 f.) und Plutchik (1980, S. 138 f.).
Beide gelangen aufgrund von Untersuchungen bzw. Analysen zu
sieben übereinstimmenden "Basisemotionen": Interesse bzw.
Erwartung, Freude, Überraschung, Trauer bzw. Kummer, Zorn,
Ekel und Furcht.

Daneben existieren eine Vielzahl von Gefühlsmischungen, die
sich aus diesen grundlegenden Emotionen zusammensetzen lassen. Die Unterscheidung von Emotionsarten erfolgt auch in
der nonverbalen Kommunikationsforschung, wobei sich Izard
auf Ergebnisse zur Gesichtssprache von Menschen stützt. Nach
ihm (S. 106) haben fundamentale Emotionen:

- "eine spezifische, von Natur aus festgelegte neurale
  Grundlage,

- einen charakteristischen mimischen Ausdruck oder ein
  charakteristisches neuromuskulär-expressives Muster und

- eine eigene subjektive oder phänomenologische Qualität".

Izard geht also davon aus, daß Bewegungsabläufe im Gesicht
zu den "integralen Komponenten" von Emotionen gehören (vgl.
Izard, 1980, S. 79). Zwischen bestimmten Hirnstrukturen und
den Gesichtsmuskeln finde ein zweiseitiger Informationsfluß
statt, m.a.W. die Rückmeldung der Gesichtsmuskeln zum Gehirn
beeinflusse auch das emotionale Erleben. Dazu sei keine
Kognition erforderlich, da neurale Botschaften aus dem Gesicht angeborenen Bahnen folgen (S. 84). Plutchik (1980, S.
341 f.) und Schmidt-Atzert (1981, S. 97 f.) bezweifeln gene-
rell, daß Emotionen durch subjektive Bewertung der Aktivierung bzw. der emotionalen Reize entstehen. Die Bedeutung von
Kognitionen für die Entstehung von Emotionen ist also noch
umstritten.

1.2   Klassifikation der nonverbalen Kommunikation
1.2.1 Gesichtssprache

Die Diskussion der Gesichtssprache (vgl. Weinberg, 1981, S.
182 f.) weist eine lange Tradition auf und belegt, daß die
Mimik als ein prägnanter Indikator für Emotionen aufgefaßt
werden kann. Bekanntlich erlaubt die Muskulatur des Gesichts
eine Vielzahl unterscheidbarer Ausdrucksmöglichkeiten um
Emotionen in mimisches Verhalten umzusetzen.

Ekman (1973) nimmt an, daß es genetische Programme für Emotionen gibt, die auch die Ausdrucksfähigkeit beeinflussen. Sie bestimmen das Zusammenspiel von Gesichtsmuskeln bei spezifischen Emotionen und sind bei allen Menschen etwa gleich. Kulturelle Unterschiede haben zu Konventionen geführt, inwieweit Gefühle gezeigt werden dürfen oder maskiert werden müssen.

Die bisherigen Untersuchungen widmeten sich vor allem der Frage, wie viele unterscheidbare Emotionen sich im Gesichtsausdruck manifestieren. Dazu führte man sogenannte Beurteilungs- oder Dekodierungsstudien durch. Bei diesen Studien werden den Versuchspersonen i.d.R. Fotos, auf denen bestimmte Emotionen dargestellt sind, vorgelegt, die sie hinsichtlich ihres emotionalen Gehalts entweder frei beschreiben oder in vorgegebene Kategorien einordnen sollen. Der auf den Fotos dargestellte Gesichtsausdruck ist also die unabhängige Variable und die Reaktion der Beurteiler darauf die abhängige Variable.

Ungeklärt ist allerdings noch, ob verschiedene Gefühle von unterschiedlichen Bereichen des Gesichts ausgedrückt werden oder ob ein Gefühl sich im gesamten Gesichtsfeld widerspiegelt. Eine Komponentenanalyse kann der werblichen Gestaltung detaillierte Hinweise zur Darstellung von Emotionen liefern. Dagegen wird die Bestimmung der an der Kaufentscheidung beteiligten Emotionen leichter an Hand ganzheitlicher Kategorien möglich sein. Übereinstimmend als Kategorien bzw. Komponenten haben Ekman et al. (1974 bzw. 1978) folgende Emotionen ermittelt: Glück, Überraschung, Ärger, Traurigkeit, Ekel und Angst. Für diese mimischen Ausdrucksmöglichkeiten kennt man eine Vielzahl sprachlicher Synonyma.

Die teilweise widersprüchlichen Ergebnisse lassen sich zu einem großen Teil auf die Schwierigkeiten bei der semantischen Fassung der einzelnen Kategorien zurückführen. Gleiche Gesichtsausdrücke wurden oft mit unterschiedlichen Begriffen beschrieben. Das deutet zum einen darauf hin, daß gleiche Mimiken sprachlich mehrdeutig bezeichnet werden, und zum anderen darauf, daß die Beurteiler unterschiedliche Auffassungen vom Inhalt der vorgegebenen Begriffe haben können. Doch trotz dieser und anderer methodischer Schwierigkeiten und Ungenauigkeiten konnten in verschiedenen Untersuchungen häufig sieben Emotionskategorien unterschieden werden, die Parallelen zu den Primäremotionen von Izard und Plutchik aufweisen.

Ob die Möglichkeit besteht, noch weitere Kategorien zu finden, muß die Forschung zeigen. Die folgende Tabelle (vgl. Ekman, Friesen und Ellsworth, 1974, S. 52) faßt Emotionskategorien und mögliche Synonyma aus verschiedenen Untersuchungen zusammen. Sie werden in der letzten Spalte durch eigene Ergebnisse (vgl. Weinberg und Gottwald, 1982) ergänzt:

Woodworth 1938	Plutchik 1962	Tomkins u. McCarter 1964	Osgood 1966	Frijda 1968b	Weinberg u. Gottwald 1982
Liebe Frohsinn Glück	Schüchternheit Glück Freude	Vergnügen Freude	Wohlbehagen stilles Vergnügen Freude, Fröhlichkeit, ge- quältes Lachen	Glück	Freude
Überraschung	Überraschung Verwunderung Erstaunen	Überraschung Aufschrecken	Überraschung Verwunderung Bestürzung Ehrfurcht	Überraschung	Überraschung
Angst Leiden	Besorgnis Angst Schreck	Angst Schreck	Angst Entsetzen	Angst	
	Schwermut Sorge Kummer	Pein Qual	Verzweiflung Langeweile verträumte Traurigkeit akute Sorgen Verzweifelung	Traurigkeit	
Ärger Entschlossen- heit	Verdruß Ärger Wut	Ärger Wut	verschlossener Ärger, Wut Halsstarrig- keit, Ent- schlossenheit	Ärger	
Ekel Verachtung	Ermüdung Ekel Abscheu	Ekel Verachtung	Verdruß Ekel Verachtung Hohn Abscheu	Ekel	
	Aufmerksam- keit Erwartung Vorfreude	Interesse Begeisterung	Erwartung Interesse	Aufmerksam- keit	Interesse
	Anerkennung Vereinigung	Scham Demütigung	Mitleid Argwohn Beklemmung	Ruhe Bitterkeit Stolz Ironie Unsicherheit Skeptik	

1.2.2 Körpersprache

Nach anthropologischen Erkenntnissen unterscheidet man mehr
als 1000 menschliche Körperhaltungen. Die anatomischen
Grundlagen der Körpersprache sind biologisch geprägt und
werden durch genetische Mechanismen übermittelt, aber jede
Kultur formt das Potential menschlicher Handlungen ent-
sprechend den eigenen Traditionen. Um die Bedeutung der
Körpersprache zu verstehen, ist es notwendig, die Kultur und
Lebensgemeinschaft des Individuums zu kennen.

Die Körpersprache läßt sich nach verschiedenen Körperteilen
gliedern, z.B. in

- Gesten und
- Körperhaltung, Körperorientierung, Körperbewegung.

Die letzten drei Teilaspekte kennzeichnen die Körpersprache
im engeren Sinne.

Hände, Kopf und Füße können verschiedene Gesten ausdrücken.
Zweckmäßig ist die Unterscheidung zwischen solchen Gesten,
die mit dem Sprechen verbunden sind, und solchen, die das
Individuum auf sich selbst bezieht. Gesten der zweiten Art
dienen insbesondere dem Ausdruck emotionaler Zustände
(vgl. Argyle, 1979, S. 246 f.).

Ekman und Friesen (1979, S. 115 f.) sprechen von Adaptoren,
um selbst- und körperbezogene Bedürfnisse zu befriedigen,
die auch Emotionen beinhalten. Manche Selbst-Adaptoren (z.B.
Körperreibung, Streicheln und Kratzen) unterliegen sozialer
Kontrolle und werden in der Öffentlichkeit nur fragmenta-
risch durchgeführt. Dennoch scheint ihre kognitive Kontrolle

relativ gering zu sein. Objekt-Adaptoren (z.B. Spielen mit einem Bleistift) sind dem Individuum eher bewußt als Selbst-Adaptoren und deuten vor allem Unbehagen oder situations-spezifische Erregung an. Scherer und Wallbott (1979, S. 107) vermuten, daß zwischen Erregungsniveau (Steigerung, Höhe-punkt, Abschwächung) und der Häufigkeit entsprechender Hand-bewegungen eine U-förmige Beziehung besteht. Danach dienen Adaptoren bei geringer Erregung der Erhöhung des Erregungs-niveaus, während sie bei starker Erregung das Niveau senken.

Schwerpunkt der Forschung sind die mit dem Sprechen verbun-denen Gesten, wie sie von Politikern, Rednern und Verkäufern gezielt eingesetzt werden. Ekman und Friesen (1979, S. 108 f.) unterscheiden zwischen Emblemen, die eine präzise Bedeu-tung haben und direkt verbal übersetzt werden können, und zwischen Illustratoren, die eng mit der sprachlichen Phra-sierung, Stimme, Lautstärke etc. zusammenhängen. Man kann annehmen, daß derartige Gesten dann hervorgebracht werden, wenn sie leichter der Veranschaulichung eines Sachverhalts dienen als Worte. Geschulte Verkäufer wissen, wie sie ihre Worte wirkungsvoll durch Gesten unterstreichen können.

Gesten der Hände eignen sich allerdings nicht in dem Maße zur Unterscheidung zwischen Emotionsqualitäten wie der mimi-sche Ausdruck. Sie informieren eher über die Emotionsstärke (Aktivierung) des Individuums (z.B. vor Angst verkrampfte oder ein Objekt fest umfassende Hände).

Zur motorischen Analyse der Gestik allein gibt es nur wenige Untersuchungen. Meist werden Hände und Arme in Studien über den gesamten Körper einbezogen. Die Beobachtung der Gestik erfolgt meist mittels Transkriptions- und Klassifikations-analysen (vgl. Scherer und Wallbott, 1979, S. 177 f.). Bei

Transkriptionsanalysen versucht man, mittels differenzierter
Notationssysteme die Bedeutung nonverbaler Zeichen zu ent-
schlüsseln. Bei Klassifikationsanalysen ordnen die Beobachter die Gesten vorgegebenen Kategorien zu, z.B. Adaptoren,
Illustratoren, Embleme und aufgabenbezogene Bewegungen. Für
diese kategoriale Zuordnung sind zufriedenstellende Reliabilitätskoeffizienten ermittelt worden.

Für die Beurteilung emotionsbedingter Gesten kann auch die
Untersuchung von Gitin (1970) einige Hinweise liefern. So
ließen sich Aktivation, Evaluation, Dynamik und Kontrolle
faktorenanalytisch extrahieren, also Dimensionen, die die
Emotionalisierung ausdrücken. Man stellte fest, daß die
Aktivation mit Handbewegungen des Greifens korreliert, die
Evaluation mit senkenden, die Dynamik mit umschließenden und
die Kontrolle mit abwehrenden Handbewegungen.

Zusammenfassend empfiehlt es sich, die Gestik zur Interpretation verbaler und mimischer Indikatoren heranzuziehen,
sowohl bei der Analyse des Kaufverhaltens bzw. von
Verkaufsgesprächen als auch bei der Darstellung von Personen
im Rahmen der Werbung. In beiden Fällen muß man die Adaptoren, Embleme und Illustratoren danach prüfen, ob sie die
kognitive Aussage treffen und Affekte unterstreichen. Verbal
und mimisch ausgedrückte Emotionen werden gedanklich verknüpft, und die begleitenden Handbewegungen müssen als angemessen und adäquat wahrgenommen werden (z.B. Streicheln
eines Glases bei einer genießerischen Mine und einer die Ge-
mütlichkeit betonenden Werbeaussage).

Die Körperhaltung läßt sich in die drei Grundpositionen
"sitzen, stehen, liegen" einteilen und drückt Emotionen,
Einstellungen und Statusrelationen des Individuums aus. Die

<u>Körperorientierung</u> kennzeichnet die Positionierung des Körpers zu einem Interaktionspartner, und unter <u>Körperbewegung</u> versteht man raum-zeitliche Veränderungen, an denen der ganze Körper beteiligt ist (vgl. Scherer und Wallbott, 1979, S. 146 f.).

Diese drei Teilaspekte der Körpersprache im engeren Sinne lassen sich bei der Analyse der Marktkommunikation von Konsumenten kaum trennen. Das Interesse konzentriert sich auf die Körperhaltung, mit oder ohne Interaktionspartner, bei Längs- oder Querschnittsanalysen. Körperorientierung und Körperbewegung kennzeichnen also situative Bedingungen für die Körperhaltung.

Emotionale Zustände und Stimmungen lassen sich nicht nur durch Mimik und Gestik ausdrücken, sondern auch durch den Körper. Körperbewegungen und Körperhaltungen geben oft mehr Aufschluß über den Grad der Erregung als das Gesicht. Eine mögliche Erklärung ist die besser erlernte Beherrschung der Gesichtssprache als der Körpersprache.

Ekman (1965) sowie Ekman und Friesen (1967) haben empirisch ermittelt, daß der Kopf und der Gesichtsausdruck mehr die Art der Emotion ausdrücken, während die Intensität der Emotion eher durch die Körperhaltung mitgeteilt wird. Starke Gefühle lassen sich offensichtlich an konventionellen Körperhaltungen ablesen.

Argyle (1979, S. 261 f.) meint, daß der gesamte Körper bestimmte Gefühle ausdrücken kann. Nach seiner Meinung können Körperbewegungen auch als "Verlängerungen" von Gesten aufgefaßt werden. Sie unterstreichen dann beide die verbale Kommunikation. Weiß man, welche Körpersignale sprachlich übersetzbar sind, kann man Informationen nonverbal gezielt übertragen.

Mehrabian und Friar (1979) haben festgestellt, daß der Grad der Entspanntheit (Hände und Rücken) die Einstellung zum Interaktionspartner widerspiegelt. Je nach Sympathie bzw. Antipathie verhält man sich körperlich mehr oder weniger entspannt und zum Interaktionspartner näher oder weiter entfernt. Auch das Ausmaß des Blickkontaktes steigt mit dem Grad der emotionalen Zuwendung.

Die Körpersprache unterliegt in besonderem Maße auch kulturellen Einflüssen, z.B. als Bestandteil ritualer Vorgänge (wie z.B. Festlichkeiten). Aus ihnen lassen sich zusätzlich Rückschlüsse auf die emotionale Befindlichkeit ziehen.

1.3 Praktische Relevanz für die Konsumentenforschung

Warum beschäftigt man sich mit der nonverbalen Marktkommunikation von Konsumenten? Ein Buch, das nicht der Grundlagenforschung, sondern dem Theorie-Praxis-Transfer gewidmet ist, darf dieser Frage nicht ausweichen. Die Vielzahl möglicher Anwendungsbereiche läßt sich unter drei Aspekten skizzieren, denen hier gefolgt wird.

1.3.1 Methodische Aspekte

Die Beobachtung des emotionalen Verhaltens von Konsumenten im Rahmen der Marktforschung kann im Feld sowie im Labor erfolgen. Dabei kann man zwischen Dekodierungs- und Enkodierungsstudien unterscheiden, je nachdem, ob man von nonverba-

len Indikatoren auf emotionale Zustände schließt oder umgekehrt.

Das Verhalten wird dabei in einzelne Signalsysteme zerlegt,
z.B. Mimik, Gestik und Körperhaltung. Geschulte Beobachter
interpretieren die Signalsysteme entweder global (z.B. den
ganzheitlichen Gesichtsausdruck) oder partiell (z.B. das
Zusammenspiel einzelner Muskeln des Gesichts). Beide methodische Ansatzpunkte haben sich bewährt.

In den letzten Jahren sind zwei Beobachtungssysteme entwickelt worden, die es erlauben, die Gesichts- und Körpersprache sehr detailliert zu erfassen und zu interpretieren.
Zum einen ist es das FAC-System zur Beobachtung der Gesichtssprache von Konsumenten, zum anderen das Berner System
zur Beobachtung der Körpersprache von Konsumenten.

Beide Beobachtungsverfahren sind 1985 am Lehrstuhl für Ab-
satz-, Konsum- und Verhaltensforschung der Universität in
Paderborn im Rahmen eines Produkttests eingesetzt worden,
worüber im 2. Kapitel berichtet wird. Die Ergebnisse belegen
die Validität und Reliabilität der Verfahren, zeigen aber
auch, daß ihr Einsatz in der praktischen Marktforschung in
der Regel zeitaufwendig und kostspielig sein wird. Besondere
Bedeutung kommt diesen methodischen Ansätzen in wissenschaftlichen Pretests zur nonverbalen Marktkommunikation von
Konsumenten zu.

Auch die Befragung kann sich mittels Bilderskalen nonverbaler Methoden bedienen. Statt nach Emotionen zu fragen, legt
man Bilder vor, die Gefühle ausdrücken. Die Befragungsperson
wird aufgefordert, das Bild zu zeigen, das dem eigenen
Gefühl am ehesten entspricht. Derartige Bilderskalen (Picto-

gramme oder Fotos von Gesichtern bzw. Gegenständen) bewähren sich dann, wenn die Verbalisierung des emotionalen Zustandes schwierig ist (z.B. bei Kindern) oder wenn innere Vorstellungsbilder (z.B. Images von Produkten) abgerufen werden sollen.

1.3.2 Verhaltensaspekte

Die nonverbale Marktkommunikation findet vor allem als Interaktion zwischen Verkäufer und Konsument statt. Derartige Kommunikationsprozesse wurden in der Konsumentenforschung bisher weitgehend vernachlässigt, im Gegensatz zur praktischen Ausbildung erfolgreicher Verkäufer.

Die Kommunikation beim Verkauf kann aktivierungs- und interaktionstheoretisch sowie mittels Theorien der beeinflussenden Kommunikation erklärt werden. Es wird gezeigt, daß es nicht nur auf den Inhalt, sondern auch auf den Stil der Kommunikation ankommt, also auf erlernbare Sozialtechniken.

Die verbale Kommunikation zwischen Käufer und Verkäufer wird vor allem durch die Sprache und die Argumentation gesteuert. Sodann gibt es Regeln für den Ablauf von Verkaufsgesprächen und für die Überwindung von Störfaktoren in der Kommunikation (z.B. Informationsüberlastung, selektive Wahrnehmung von Argumenten und erregungsbedingte Blockaden in der Kommunikation).

Die nonverbale Interaktion zwischen Verkäufer und Konsument betrifft zum einen die Gesichts- und Körpersprache (um die es im 3. Kapitel geht), zum anderen auch die Kommunikation mittels Gegenständen. Wichtige Elemente der Gesichts- und

Körpersprache für den Verkäufer sind:

- Gesichtsausdruck und Blickkontakt
- Stimme: Sprechtempo, Sprechmelodie u.a.
- Gestik und Körperhaltung
- Räumliche Positionierung

Bereits diese Beispiele lassen erkennen, wie erfolgreiche Verkäufer einen Verkaufsprozeß steuern und Kunden beeinflussen können. Die Praxis verfügt über einen reichhaltigen Erfahrungsschatz zum "richtigen" Verhalten beim Verkauf.

Sodann sind <u>Kaufentscheidungen</u> ein weiteres Feld der nonverbalen Marktkommunikation. Dabei interessieren vor allem Entscheidungen, bei denen emotionale Prozesse dominieren wie z.B. bei Impulskäufen. Die nonverbale Kommunikationsforschung hilft, das Verhalten emotionalisierter Käufer zu erklären. Dazu werden das beobachtete (Fremdeinschätzung) und erfragte (Selbsteinschätzung) Kaufverhalten miteinander verglichen. Das Ergebnis ist eine Typologie impulsiver Käufer, die 1984 in Zusammenarbeit zwischen der Universität in Paderborn und der Langnese-Iglo GmbH in Hamburg entwickelt wurde, worüber im 4. Kapitel berichtet wird.

Im Rahmen dieser Kooperation wurde auch ein Beobachtungs- und Befragungsdesign entwickelt, um die emotionale Wirkung von <u>Displaymaterial</u> zu testen. Bei vielen Unternehmen ist nach wie vor unklar,

- welche Promotions welche Käufer ansprechen,
- welche Gestaltungsvariablen von Verbraucherpromotions die gewünschten Wirkungen auslösen und

- in welcher Weise die Verbraucherpromotions den Marketing-
  zielen und insbesondere denen der Werbung dienen.

1.3.3 Beeinflussungsaspekte

Mit Zunahme ausgereifter und gesättigter Märkte kommt der
emotionalen Beeinflussung der Konsumenten durch die Werbung
eine wachsende Bedeutung zu. Das geschieht auch durch die
Gestaltung von Werbemitteln nach Erkenntnissen der nonverbalen Kommunikationsforschung. Die moderne Werbepraxis kennt
eine Vielzahl bewährter Sozialtechniken.

Die nonverbale Darstellung von Emotionen in der Werbung
konzentriert sich in der Regel auf Situationen, in denen
Menschen handeln und gemeinsam mit einem Produkt oder einer
Dienstleistung dargestellt werden. Dabei müssen die durch
nonverbale Signalsysteme präsentierten Emotionen mit den
verbal und bildlich übermittelten Informationen einen konsistenten Gesamteindruck hinterlassen.

Ein Werbebriefing, das ein emotionales Ausdrucksverhalten
vorgibt, ist in der Regel auf die schauspielerische Fähigkeit der Darsteller angewiesen, damit diese Emotionen auch
kommuniziert werden können. Kostspielige Pretests oder wer-
bebegleitende Untersuchungen dienen dann der Werbewirkungs-
prüfung.

Zur Vereinfachung dieses Prüfprozesses und zur Präzisierung
derartiger Werbebriefings wurde 1982 am Lehrstuhl für Ab-
satz-, Konsum- und Verhaltensforschung der Paderborner Universität ein Kriterienkatalog entwickelt, mit dessen Hilfe
Emotionen im Gesicht validiert werden können (vgl. dazu das

5. Kapitel). Damit wird die schauspielerische Intuition nicht eingegrenzt, aber das Werbebriefing prüfbarer als bisher.

Gegenstand der Attributionstheorien ist die Wahrnehmung des eigenen und fremden Verhaltens. Der Werbegemeinte soll in die Lage versetzt werden, wahrgenommene Emotionen dem dargestellten Verhalten glaubwürdig zuzuordnen. Attributionstheoretisch formuliert: Man soll beim Ausdrucksträger der Werbung die Gründe für sein emotionales Verhalten erkennen.

Attributionstheorien versuchen also zu klären, wie menschliche Bedürfnisse nach Verhaltenserklärungen befriedigt werden können. Zu diesem Zweck ist 1982 und 1983 experimentell in Paderborn geprüft worden, ob werbliche Kommunikationsprozesse attributionstheoretisch analysiert und interpretiert werden können. Die Ergebnisse, über die im 5. Kapitel berichtet wird, zeigen die Brauchbarkeit des attributionstheoretischen Ansatzes von Kelley, um die Interpretation werblicher Aussagen gezielt zu beeinflussen.

2. Erfassung der nonverbalen Marktkommunikation

2.1 Aufgaben der Marktforschung

Die Marktforschung der Zukunft wird sich stärker als bisher
der Analyse des nonverbalen Verhaltens widmen, wenn es darum
geht, Emotionen von Konsumenten zu analysieren. Das betrifft
gleichermaßen die Kommunikation im Verkaufsgespräch, das
Entscheidungsverhalten während des Einkaufs und die Präsentation von Emotionen in der Werbung.

Bisher fehlen der Marktforschung bewährte und vor allem
praktikable Methoden, um das emotionale Ausdrucksverhalten
von Konsumenten gültig und zuverlässig zu beobachten. Die
folgenden Verfahren bieten Ansatzpunkte, wie methodisch
vorgegangen werden kann, um das nonverbale Verhalten von
Konsumenten stärker als bisher in Erklärungs- und Beein-
flussungskonzepten zu berücksichtigen.

2.1.1 Beobachtung körperlicher Kommunikationssignale

Man weiß, daß die Gesichtssprache vor allem geeignet ist,
Emotionskategorien auszudrücken, während die Körpersprache
die Intensität der empfundenen Gefühle widerspiegelt. Die
Gestik, die besonders enge Bezüge zur Sprache und zur Handlung aufweist, erleichtert die genaue Zuordnung des gesamten
nonverbalen Verhaltens zu einer Emotion.

Die Beobachtung des emotionalen Verhaltens von Konsumenten
kann im Feld und im Labor erfolgen sowie in Rollenspiele und
Interaktionsstudien eingebettet sein. Zur Erfassung nonverbaler Indikatoren von Emotionen empfiehlt sich für die

Marktforschung folgendes Vorgehen (vgl. Weinberg, 1983, S. 51 f.):

- Man beobachtet das Konsumentenverhalten, sei es im Feld oder im Labor. Dabei kann die Festlegung des Standortes hinsichtlich Präzision und Vergleichbarkeit der Beobachtung gewisse Probleme bereiten.

- Das Verhalten wird in einzelne Signalsysteme zerlegt, z.B. Mimik, Gestik und Körperhaltung. Es empfiehlt sich, per Videofilm etc. einzelne Verhaltenssequenzen festzuhalten.

- Geschulte Beobachter interpretieren die Signalsysteme, zunächst einzeln in der Kommunikationssituation bzw. an Hand der Aufzeichnungen, dann gemeinsam mit anderen Beobachtern hinsichtlich der Art, Richtung und Intensität der beteiligten Emotionen (Fremdeinschätzung). Dabei ist die Verwendung eines standardisierten Notationssystems unumgänglich.

- Zur Validierung der Ergebnisse kann teils auf bewährte Befunde zurückgegriffen werden, teils wird es möglich sein, eine nachträgliche Befragung der Testpersonen vorzunehmen (Selbsteinschätzung).

- Zur Prüfung der Reliabilität bieten sich z.B. das Test-Retest-Verfahren, Paralleltests oder varianzanalytische Tests an.

Zur Erfassung der nonverbalen Marktkommunikation von Konsumenten bieten sich für die Marktforschung die visuellen und auditiven Kommunikationskanäle an:

Kommunikations-kanal Untersuchungs-objekt	auditiv	visuell
Anzeige, Prospekt, Katalog	-	+
Rundfunk	+	-
TV-Spot	+	+
Kaufhandlung	-	+
Verkaufsgespräch	+	+

Versucht man eine Systematisierung der Ansätze zur Erfassung emotionaler Gesichtsausdrücke, so kann man zwischen Beurteilungs- und Komponentenstudien differenzieren.

Bei Beurteilungsstudien wird ein Gesichtsausdruck (bildlich oder live) einer Anzahl von Beurteilern vorgeführt, deren Aufgabe es ist, die vermutlich geäußerte Emotion zu erkennen. Die Mimik ist dann die unabhängige Variable und die Beurteilung die abhängige Variable. Dabei kann man mit Emotionskategorien oder mit Emotionsdimensionen arbeiten, nach denen die emotionalen Gesichtsausdrücke bewertet werden sollen. Im ersten Fall geht man von mehr oder weniger determinierten Grundemotionen aus, während im zweiten Fall die kleinste Zahl nicht redundanter Beschreibungsdimensionen gewählt wird. In empirischen Untersuchungen ermittelte man zwar unterschiedlich viele Dimensionen, doch zeigte sich, daß zusammenfassend zwei Dimensionen am häufigsten auftraten. Dies waren die Dimensionen, die die Richtung (Lust - Unlust) und die Stärke (Intensität bzw. Aktivitätsniveau) einer Emotion anzeigen (vgl. z.B. Schloßberg, 1952, Frijda und Philipszoon, 1963 sowie Osgood, 1966).

Dieses "ganzheitliche" Vorgehen hat sich in der Marktforschung bewährt, wenn von Konsumenten prägnante Emotionen im
Gesicht gezeigt werden. Unter Komponentenstudien können zwei
Arten von Studien verstanden werden. Bei der ersten Art
handelt es sich um Beurteilungsstudien, wobei die unabhängigen Variablen einzelne Gesichtsbereiche mit deren Komponenten sind. Hierbei wird untersucht, ob ein bestimmter
Gesichtsbereich am Urteil über eine bestimmte Emotion mehr
beteiligt ist als ein anderer.

Die zweite Art von Komponentenstudien sind eher als Enkodierungsstudien aufzufassen. Hierbei befindet sich eine
Versuchsperson in einer emotionsauslösenden Situation, und
die Gesichtskomponenten werden als abhängige Variable in
ihrer Veränderung erfaßt und durch ein objektives Meßverfah-
ren quantifiziert. Dadurch soll festgestellt werden, welche
Gesichtskomponenten am Zustandekommen einer bestimmten Emotion beteiligt sind. Über eine derartige Enkodierungsstudie
wird im Rahmen der emotionalen Werbung mittels nonverbaler
Indikatoren berichtet.

Ein neuer Ansatz zur Enkodierung von Emotionen ist die FAC-
Technik (Ekman und Friesen, 1978), bei der es um die anatomische Analyse von Gesichtsaktivitäten geht. Man berücksichtigt alle motorischen Bewegungen des Gesichts, beschreibt die muskulären Aktivitäten und bildet "Aktionseinheiten" der Gesichtsmotorik, wozu eine ausführliche Beschreibung zur Verfügung steht. Erste empirische Tests (Ekman, Friesen und Ancoli, 1980) führten zu hohen Korrelationen zwischen Emotionen, die mit der FAC-Technik ermittelt
wurden, und der Selbsteinschätzung der Versuchspersonen.

Auch stimmten die ermittelten Werte innerhalb der FACS-
Benutzergruppe gut überein, was für die Reliabilität des
Instruments spricht.

Diese Technik erfordert einen relativ hohen Aufwand an Lern-
und Beurteilungszeit, was die Durchsetzung in der For-
schungspraxis erschwert. Die Vorteile derartiger Verfahren
sind jedoch die Loslösung von sprachlichen Konstrukten und
die Anwendung theoriegeleiteter, nicht-reaktiver Meßver-
fahren. In diesem Kapitel wird über ein Experiment zur
Analyse einer Produktbeurteilung mittels des FAC-Systems
berichtet.

Zur Erfassung der Körpersprache sind ebenfalls mehrere Verfahren entwickelt worden, die folgenden zwei sind methodisch
besonders anspruchsvoll:

Wallbott hat 1982 umfangreiche Untersuchungen zum Ausdruck
und Eindruck gestischen Verhaltens vorgelegt (vgl. Wallbott,
1982) und distale sowie proximale Aspekte des menschlichen
Bewegungsverhaltens am Beispiel illustrativer Handbewegungen
untersucht. Dazu wurden subjektive Eindrücke vom Bewegungsverhalten analysiert, Kodierungen vorgenommen, die den zeit-
lichen Ablauf von Bewegungen erfassen, sowie physikalisch
definierte Bewegungsparameter aufgrund von Koordinaten-
messungen ermittelt. Die Ergebnisse zeigen, daß subjektive
Beurteilungen einfacher Bewegungen durchaus valide und re-
liabel sein können, komplexe Bewegungen jedoch methodisch
objektivere Verfahren benötigen. Der Ansatz von Wallbott
scheint eine Synthese der Ausdruckspsychologie mit neuen
Methoden der nonverbalen Verhaltensforschung zu sein.

Frey, Hirsbrunner, Pool und Daw (1981, S. 203 f.) entwickelten ein Kodierungssystem zur Zeitreihennotation von Körperpositionen und -bewegungen, mit dem es möglich ist, die
Körpersprache in ihre raum-zeitlichen Komponenten zu zerlegen. Während die Zeit direkt erfaßt wird, wird die räumliche
Komponente, bezogen auf Kopf, Rumpf, Schultern, Oberarme,
Hände, Oberschenkel, Füße in mehrere Dimensionen zerglie-
dert. Mittels der methodisch aufwendigen Zeitreihennotation
gelingt es, komplexes Bewegungsgeschehen differenziert,
zuverlässig und detailgenau in ein Datenprotokoll zu übertragen. Vor allem wird zwischen Deskription und Evaluation
getrennt. Damit eröffnet sich der empirischen Analyse der
Körpersprache ein umfangreiches Informationsmaterial. Dieses
"Berner System" wurde im Experiment zur Produktbeurteilung
getestet, worüber in diesem Kapitel ebenfalls berichtet
wird.

2.1.2 Einsatz von Bilderskalen

Das nonverbale Ausdrucksgeschehen läßt sich auch durch
Bilderskalen erfassen. Darunter versteht man Skalen zur
Messung von Gefühlen und Einstellungen, deren Items nicht
verbal, sondern bildhaft vorgegeben werden. Man kennt drei
grundsätzlich verschiedene Arten von Bilderskalen:

- Piktogramme: Aus gestrichelten Gesichtselementen erhält
  man Gesichtsausdrücke, die verschiedene Gefühle ausdrücken.

- Gesichterskalen: Aus Fotos von Gesichtern lassen sich
  bestimmte Emotionen wie Freude, Überraschung, Ärger etc.
  ablesen.

- Bildliche Skalen: Fotografien von Gegenständen, Landschaften, Lebenssituationen etc. ermöglichen nicht nur die
Wiedergabe von Emotionen und Einstellungen, sondern auch
konkrete "innere Bilder" von Objekten (z.B. Produkte oder
Geschäfte).

Der Einsatz von Bilderskalen ist besonders dann empfehlens-
wert, wenn die Empfänger der Informationen wenig aktiviert
sind, die Verbalisierung schwierig ist (z.B. bei Kindern)
und unbewußte emotionale Wirkungen aufgedeckt werden sollen.
In solchen Fällen lehrt die Erfahrung, daß bildhafte Items
besonders schnell aufgenommen und ohne besondere gedankliche
Anstrengung verstanden werden.

Die folgenden Beispiele zeigen Piktogramme (vgl. Behrens,
1982, S. 181) und ausgewählte Gesichter (vgl. Ekman und
Friesen, 1975), die mehrfach als Bilderskalen getestet wurden:

Freude

Ärger

Überraschung

Diese Skalen wurden am Lehrstuhl für Absatz-, Konsum- und Verhaltensforschung der Paderborner Universität im Jahre 1984 eingesetzt, um die Anmutungsqualität von Anzeigen zur Erlebniswertvermittlung zu messen (vgl. Konert, 1985, S. 161 f.).

Die Messung erfolgte mittels verbaler Items, Piktogrammen und Gesichterskalen. Es wurde geprüft, ob eindeutige Dimensionen der emotionalen Bewertung aus der Sicht der Versuchspersonen vorliegen. Eine derartige Gegenüberstellung liefert Hinweise auf die Qualität der einzelnen Skalen.

Die Ergebnisse zeigen, daß Piktogramme sehr schnell auf Gestaltungsgrenzen stoßen. So sind Emotionen wie Trauer - Sorge, Freude - Glück, Ärger - Wut, Überraschung - Erstaunen noch recht gut identifizierbar, weniger jedoch Ekel - Ablehnung oder Angst - Furcht. Manche gestrichelten Gesichter können nicht eindeutig einer Emotion zugeordnet werden.

Sowohl Piktogramme als auch Gesichterskalen sollten eingesetzt werden, wenn Art und Richtung der dargestellten Emotion eindeutig erkannt werden können. Dann eignen sich derartige Bilderskalen zur Messung der Intensität von Emotionen.

Bilderskalen, die Gegenstände, Landschaften, Lebenssituationen etc. beinhalten, eignen sich zur Wiedergabe "innerer Bilder" von Produkten, Geschäften usw., die im Gedächtnis der Konsumenten gespeichert werden und Emotionen bzw. Einstellungen ausdrücken. Über erste Arbeiten mit derartigen Bilderskalen berichtet Kroeber-Riel (1984 c, S. 23 f.):

Bild-Dimensionen	Bilderskalen	verbale Skalen
Aktivierung	See	ruhig - lebhaft sanft - wild leise - laut
Bewertung	Baum Alpenwiese	angenehm - unangenehm anziehend - abstoßend
Klarheit	Nebelstraße Auto	klar - verschwommen deutlich - undeutlich
Reichhaltigkeit	Birke Nägel	viel - wenig reich - arm

Erste Untersuchungen zeigen, daß die Dimensionen "Bewertung" und "Klarheit" besonders geeignet sind, wahrgenommene und im Gedächtnis gespeicherte Bilder bei gering involvierten Konsumenten wiederzugeben. Sie drücken am stärksten erfaßte Präferenzen aus und korrelieren meist stärker als verbale Skalen mit dem tatsächlichen Verhalten.

Der Einsatz von Bilderskalen hat nach Konert (1985, S. 89 f.) folgende Vorteile:

- Reize, die nicht oder nur sehr schwer verbalisierbar sind (z.B. ästhetische Reize), können durch Bilderskalen ausgedrückt werden.

- Der Einsatz von Bilderskalen empfiehlt sich bei Personen, die verbale Verfahren nur schwer verstehen, um Emotionen auszudrücken.

- Zur Auswahl der Bildkonzepte eignen sich bereits standardisierte Motive, aber auch Bilder aus Anzeigen oder Fotos
von Objekten, die vorher mittels physiologischer, verbaler
bzw. motorischer Indikatoren validiert worden sind.

Für die Marktforschung kann ergänzt werden:

- Bilderskalen erreichen Konsumenten in Low-Involvement-
Situationen eher als verbale Konzepte, da sie auch nicht-
bewußte Eindrücke und Empfindungen erfassen.

- Bildhaft gespeicherte Images, die Objekten (z.B. Produkte
oder Geschäfte) gegenüber bestehen und das Einkaufsverhal-
ten beeinflussen, können bildlich einfacher und prägnanter
wiedergegeben werden als verbale.

- Je klarer und aktivierender innere Bilder sind, desto
positiver fällt die verhaltenswirksame Präferenz für diese
Objekte aus.

2.2 Das FAC-System zur Erfassung der Gesichtssprache von Konsumenten

2.2.1 Methodik des FAC-Systems

Das von Ekman und Friesen (1978) entwickelte FAC-System
(Facial Action Coding-System) zur Analyse der Gesichtssprache ermöglicht eine detaillierte Notation der Gesichtsmotorik. Dazu haben sie die Gesichtsaktivitäten in 33 unterschiedliche Bewegungseinheiten (Action Units) zerlegt, die
als anatomisch bedingte, kleinste Einheiten mimischen Verhaltens beobachtet werden können. Dabei gibt es Gesichtsmus-

keln, die mehrere AU's auslösen, und einzelne Gesichtsbewegungen werden auch durch eine Kombination mehrerer Muskeln
verursacht. Einen Überblick über die Action Units und ihre
anatomischen Grundlagen vermittelt die folgende Tabelle:

Single Action Units

AU Number	FACS Name	Muscular Basis
1	Inner Brow Raiser	Frontalis, Pars Medialis
2	Outer Brow Raiser	Frontalis, Pars Lateralis
4	Brow Lowerer	Depressor Glabellae; Depressor Supercilli; Corrugator
5	Upper Lid Raiser	Levator Palpebrae Superioris
6	Cheek Raiser	Orbicularis Oculi, Pars Orbitalis
7	Lid Tightener	Orbicularis Oculi, Pars Palebralis
8	Lips Toward Each Other	Orbicularis Oris
9	Nose Wrinkler	Levator Labii Superioris, Alaeque Nasi
10	Upper Lip Raiser	Levator Labii Superioris, Caput Infraorbitalis
11	Nasolabial Furrow Deepener	Zygomatic Minor
12	Lip Corner Puller	Zygomatic Major
13	Cheek Puffer	Caninus
14	Dimpler	Buccinnator
15	Lip Corner Depressor	Triangularis
16	Lower Lip Depressor	Depressor Labii
17	Chin Raiser	Mentalis
18	Lip Puckerer	Incisivii Labii Superioris; Incisivii Labii Inferioris
20	Lip Stretcher	Risorius
22	Lip Funneler	Orbicularis Oris
23	Lip Tightner	Orbicularis Oris
24	Lip Pressor	Orbicularis Oris
25	Lips Part	Depressor Labii, or Relaxation of Mentalis or Orbicularis Oris
26	Jaw Drop	Masetter; Temporal and Internal Pterygoid Relaxed
27	Mouth Stretch	Pterygoids; Digastric
28	Lip Suck	Orbicularis Oris
38	Nostril Dilator	Nasalis, Pars Alaris
39	Nostril Compressor	Nasalis, Pars Transversa and Depressor Septi Nasi
41	Lid Droop	Relaxation of Levator Palpebrae Superioris
42	Slit	Orbicularis Oculi
43	Eyes Closed	Relaxation of Levator Palpebrae Superioris
44	Squint	Orbicularis Oculi, Pars Palpebralis
45	Blink	Relaxation of Levator Palpebrae and Contraction of Orbicularis Oculi, Pars Palpebralis
46	Wink	Orbicularis Oculi

Zu diesen 33 AU's, die unmittelbar auf Muskelbewegungen zurückgehen, wurden "Miscellaneous Units" ergänzt, die Bewegungen in der unteren Gesichtshälfte ausdrücken, sowie auch "Action Descriptors", um Veränderungen der Kopf- und Augenpositionen zu kodieren.

Das FAC-System beinhaltet einen umfassenden Kriterienkatalog, um Action Units, Miscellaneous Units und Action Descriptors zu identifizieren. Es werden also komplexe Gesichtsbewegungen in anatomische Bewegungseinheiten zerlegt, durch eine numerische Kodiersprache erfaßt und somit intersubjektiv überprüfbar. Subjektive Spielräume für intuitive Interpretationen, wie bei der ganzheitlichen Beobachtung von Gesichtern oder Gesichtspartien, werden dadurch erheblich eingeschränkt.

Ekman und Friesen haben ein Programm zur Berechnung von Interkodiererreliabilitäten entwickelt (Analyse der Anzahl der übereinstimmend erkannten AU's im Verhältnis zur Gesamtzahl der kodierten AU's). In Reliabilitätsstudien (vgl. Investigator's Guide, 1978, S. 25) wurden Übereinstimmungskoeffizienten um 0,8 ermittelt.

Die wesentlichen Vorteile des FAC-Systems sind die theoretische Fundierung und die Zuverlässigkeit der Beobachtungen. Geschulte Beobachter sind weniger auf ihre Erfahrungen mit der Analyse menschlicher Gesichter angewiesen, sondern führen unterschiedliche Mimiken auf physiologisch bedingte Gesichtsbewegungen zurück. Dadurch wird es auch möglich, Gesichtsveränderungen im Zeitverlauf zu beobachten und Emotionsfolgen zu erfassen (z.B. Aufmerksamkeit - Interesse - Freude).

Die Anwendung des FAC-Systems in der <u>Marktforschung</u> ist mit einer Reihe von Problemen verbunden:

- Die Schulung der Beobachter erfordert einen hohen Zeitaufwand und damit in der Regel auch erhebliche Kosten.

- Die Beobachtung kann in den wenigsten Fällen "real-life" erfolgen, sondern es müssen Fotos oder Filmaufnahmen angefertigt werden.

- Die Kodierung stellt hohe Anforderungen an die fotografische Sorgfalt, d.h. die Gesichter müssen klar und prägnant erfaßt werden. Außerdem ist zur Kodierung eine hohe zeitliche Auflösung des Filmmaterials erforderlich.

- Der immense Datenanfall erfordert den Einsatz computergestützter Auswertungsprogramme, was nicht unerhebliche Programmierkenntnisse voraussetzt.

Diese Probleme legen nahe, das FAC-System als ein Instrument der Konsumentenforschung im <u>Labor</u> einzusetzen. Dort ist es möglich, mittels dieser Technik valide und zuverlässige Erkenntnisse über die Mimik von Konsumenten zu erhalten.

2.2.2 <u>Zuordnung von Emotionen</u>

Im Rahmen der nonverbalen Konsumentenforschung ist das FAC-System unter den genannten Bedingungen ein sensibles Instrument, um <u>Emotionen</u> im Gesicht von Konsumenten zu beobachten. Dazu bedarf es einer Korrespondenz zwischen den physiologisch feststellbaren AU's und den erlebbaren sowie mitteilbaren Emotionen hinsichtlich Art, Richtung und Stärke.

Ähnlich wie Izard (1981) und Plutchik (1980) haben Ekman und Friesen (1975) zwischen folgenden Emotionskategorien unterschieden: Überraschung (surprise), Abscheu (disgust), Ärger (anger), Traurigkeit (sadness), Furcht (fear), Glück (happiness), Interesse (interest). Einigen dieser Emotionskategorien wurden Kombinationen von Action Units zugeordnet, andere (wie z.B. Freude) können bereits durch ein Action Unit allein ausgedrückt werden.

An der folgenden Tabelle zur Zuordnung von Emotionen zu Action Units fällt auf, daß Basisemotionen wie Interesse und vor allem Emotionsmischungen nicht aus den AU's abgeleitet werden. Das mag am Erkenntnisinteresse von Ekman et al. liegen. Es bleibt der Konsumentenforschung vorbehalten, derartige Lücken zu schließen, indem bei Versuchspersonen, die diese Emotionen bekunden, die im Gesicht erkennbaren AU's beobachtet, systematisiert und interpretiert werden.

Emotion	Prototypes (Action Units)	Major Variants
Surprise	1+2+5X+26 1+2+5X+27	1+2+5X 1+2+26 1+2+27 5X+26, 5X+27
Happy	6+12* 12y	
Fear	1+2+4+5*+20+25, 26, or 27	1+2+4+5*+L or R20*+25, 26, or 27
	1+2+4+5*+20+25, or 27	1+2+4+5* 1+2+5x, with or without 25, 26, 27 5*+20+ with or with- out 25, 26, 27
Sadness	1+4+11+15X with or without 54+64	1+4+11 with or with- out 54+64
	1+4+11+15X with or without 54+64	1+4+15X with or with- out 54+64
	6+15* with or without 54+64	1+4+15X+17 with or without 54+64 11+15X with or without 54+64
		11+17*

25 or 26 may occur with all prototypes or major variants

| Disgust | 9
9+16+15, 26
9+17
10* | |
| Anger | 4+5*+7+10*+22+23+25,26
4+5*+7+10*+23+25,26
4+5*+7+23+25,26
4+5*+7+17+23
4+5*+7+17+24
4+5*+7+23
4+5*+7+24 | Any of the prototypes
without any one
of these AUs: 4, 5, 7,
or 10. |

Legende:
* in this combination the AU may be at x, y or Z level of intensity
X low level of intensity
Y medium level of intensity
Z high level of itensity
L left side of the face
R right side of the face

2.2.3 Vereinfachung durch EMFACS

In Anbetracht der Datenmenge und des Erhebungsaufwandes bei Einsatz des FAC-Systems haben Friesen und Ekman (1984) EMFACS (Emotion-FACS) entwickelt. Diese Technik ist noch nicht ausgereift und befindet sich derzeit im Erprobungsstadium.

EMFACS beansprucht vor allem weniger Kodierungszeit als FACS, konzentriert sich auf emotionale Gesichtsausdrücke und erfaßt nur die AU's, die am stärksten zur Identifikation einer Emotion beitragen. Allerdings liefert EMFACS ungenauere Ergebnisse als FACS, da AU's vernachlässigt werden, die seltener oder subtiler auftreten. Deshalb eignet sich EMFACS dann nicht, wenn das emotionale Ausdrucksverhalten vollständig und detailliert erfaßt werden soll.

Die Vorteile dieser Technik sind das schnelle und einfache Erkennen von Emotionskategorien. Die Kodierung erfolgt selektiv unter Vernachlässigung von Gesichtsbewegungen, die sprachlich bedingt sind oder gewohnheitsmäßig bzw. bewußt gezeigt werden. Das setzt Vorkenntnisse über das Ausdrucksverhalten voraus. Man konzentriert sich auf wenige AU's, die für Emotionen von grundsätzlicher Bedeutung sind und vernachlässigt die zeitliche Abfolge von AU's sowie Variationen in der Intensität von Emotionen und Besonderheiten eines gezeigten Gesichtsausdruckes.

Die EMFACS-Technik unterscheidet zwischen folgenden Kategorien von Aktionseinheiten:

- AU's zur Darstellung einer einzelnen Emotion.

- AU's im Verbund mit anderen AU's, die dann ein- oder zweideutig eine Emotion charakterisieren.

- AU's ohne Bedeutung zur Emotionsanalyse.

Die Kodierung der AU's erfolgt nach folgenden Regeln:

- Man konzentriert sich zunächst auf die obere Gesichtshälfte, vor allem auf die Augen und Augenbrauen und prüft, welche der vorgegebenen Kategorien vorliegt.

- Beim zweiten Durchgang der Dias oder Bilder beobachtet man die untere Gesichtshälfte und sucht nach einer Zuordnung zu den vorgegebenen Kategorien.

- Da die EMFACS-Technik das ganze Gesicht zugrunde legt, muß nun geprüft werden, inwieweit die für die obere und untere Gesichtshälfte identifizierten Kategorien übereinstimmen und die Benennung einer bestimmten Emotion erlauben.

Beispiel:

	AU's	Kategorie	Emotion
obere Gesichtshälfte	1+2+4	102	Angst
untere Gesichtshälfte	10+23	123	Angst/Ärger

Die Autoren haben FACS und EMFACS einem Vergleich unterzogen, um EMFACS zu validieren und die Interkodiererreliabilität zu prüfen. Die Ergebnisse zeigen, daß EMFACS nicht so sensibel mißt wie FACS. Allerdings reicht EMFACS aus, um Emotionskategorien zu identifizieren. Die Bestimmung der Interkodiererreliabilität ist schwierig, da unbewußte Verhaltensbeobachtungen als Störgrößen in die Interpretation einfließen. Die Ergebnisse fallen aber nicht signifikant schlechter aus als bei FACS.

Zusammenfassend liegt der besondere Vorteil der EMFACS-Technik darin, daß nur 28 AU's in der oberen und unteren Gesichtshälfte identifiziert werden müssen und die Interpretation auf emotional bedingte Gesichtszüge beschränkt bleibt. Es werden Kategorien für beide Gesichtshälften vorgegeben, die eine einfache Zuordnung erlauben. Damit reduzieren sich die Datenmenge und der Erhebungsaufwand.

Die praktischen Probleme, die bei Anwendung von FACS auftreten, müssen ansonsten auch bei EMFACS beachtet und gelöst werden. Ein besonderes Problem tritt für EMFACS dann auf, wenn gesprächsbegleitende Gesichtszüge beobachtet werden, die als solche nicht erkannt werden. Neben Emotionen drückt das Gesicht dann persönlichkeits-, gewohnheits- und kommunikationsbedingte Mimiken aus, die als Mischung nicht mittels der EMFACS-Technik "real-life" analysiert werden können. Dann bedarf es technischer Hilfen (z.B. Zeitlupe oder Filmwiederholung), die die Ergebnisse jedoch beeinflussen können.

2.2.4 Eine empirische Studie

Ziele der Studie

In einer empirischen Studie zur Validierung des FAC-Systems wurden folgende Hypothesen getestet (vgl. Bekmeier und Schoppe, 1985):

- Mittels FACS ermittelte Emotionen stimmen mit der Selbsteinschätzung besser überein als Ergebnisse anderer Verfahren der Fremdeinschätzung (Vorgabe von Rating-Skalen oder Piktogrammen).

- Gefühlsmischungen lassen sich mittels FACS eindeutiger interpretieren als durch andere Verfahren der Fremdeinschätzung.

- Bei schwach ausgeprägten Emotionen sind Gefühlsmischungen mittels FACS prägnanter erkennbar als per Fremdeinschätzung.

Herkunft des Datenmaterials

Die Studie wurde im Sommersemester 1985 an der Paderborner Universität im Rahmen eines Praktikums zur Konsum- und Verhaltensforschung durchgeführt (das Praktikum wurde von Frau Dipl.-Kfm. Sigrid Bekmeier und Frau Dipl.-Kfm. Marion Schoppe durchgeführt). Es gab drei Projektphasen:

1. Erstellung von Videoaufnahmen von Versuchspersonen, die im Rahmen einer Produktbeurteilung mimisch Interesse, Überraschung und Freude in 3 aufeinander folgenden Phasen des

Experiments bekunden sollten. Zusätzlich zur Mimik wurden auch die Gestik und die Körperhaltung unbemerkt gefilmt. Anschließend sollten die Versuchsteilnehmer selbst angeben, welche Emotionen sie in den einzelnen Phasen des Experiments empfunden hatten. Die Emotionen wurden erfaßt mittels:

- offener Fragestellung,

- "Differential Emotion Scale" - Itembatterie (DES) und

- Piktogrammen.

Die DES-Itembatterie ist eine von Izard (1981, S. 150 f.) entwickelte Skala zur Messung von emotionalen Erlebnissen. Dabei wird jede Emotionskategorie durch drei Adjektive beschrieben, die emotionale Erlebnisse ausdrücken. Mittels einer fünfstufigen Ratingskala werden deren Intensitäten erfaßt.

In Anlehnung an Behrens (1982, S. 181 f.) wurde das emotionale Erlebnis auch nonverbal mittels Piktogrammen erfaßt, um Verbalisierungsschwierigkeiten zu umgehen, die vor allem in Low-Involvement-Situationen auftreten können. Die Intensität der Zustimmung zu den ausgedrückten Emotionen konnte wiederum auf einer fünfstufigen Rating-Skala angegeben werden. Segmentiert wurde nach Geschlecht, Alter und Semesterzahl der Studenten.

2. Kodierung der Fremdeinschätzung durch Studenten der Paderborner Universität, die über das Projekt nicht informiert waren. Sie wurden gebeten, anhand der Mimik die Gefühle der Ausdrucksträger zu identifizieren.

Um die Ergebnisse dieser <u>Fremdeinschätzung</u> mit der <u>Selbst-</u>
<u>einschätzung</u> der gefilmten Personen vergleichen zu können,
wurde ein identischer Fragebogen verwendet (DES-Itembatterie
und Piktogramme). Reihenfolgeeffekte wurden ausgeschlossen.

3. Kodierung mit FACS durch trainierte Kodierer, die den
"Final Profiency Test" zur Prüfung der Übereinstimmung zwischen Expertenkodierung und erlernter Kodierung mittels FACS
bestanden hatten. Die Reliabilitätskoeffizienten reichten
bis 0,75.

Die Kodierung des Videomaterials erfolgte zunächst bei nor-
maler Filmgeschwindigkeit. Sobald die AU's identifiziert
worden waren, konnten Filmsequenzen im Zeitlupentempo oder
Standbilder näher überprüft werden, um einzelne Ausdrucksbe-
wegungen zeitlich exakt abzugrenzen. Da ein Kodierintervall
0,04 Sekunden ausmachte, betrug der Zeitaufwand zur Notation
der Gesichtsmotorik einer gefilmten Person etwa 9-10 Stun-
den.

Die Kodierung erfolgte mit Hilfe eines Formblattes, auf dem
die ermittelten AU's in Abhängigkeit von der Zeit eingetragen wurden. Jeder Beobachter kodierte Action Units, Action Descriptors und Intensitäten der gefilmten Emotionen.

Die Analyse der Daten zur Selbsteinschätzung und FACS-Beurteilung konzentrierte sich auf die Emotionen Interesse,
Überraschung und Freude. Die statistische Auswertung erfolgte mittels SPSS, Version 8.

Ergebnisse zur Selbsteinschätzung

Die Ergebnisse der Selbsteinschätzung dienen der Überprüfung der Fremdeinschätzung und der FACS-Beurteilung. Dazu war es zunächst notwendig, die mittels DES-Itembatterie und Piktogrammen erhobenen Daten miteinander zu vergleichen (jeweils die mittleren Einschätzwerte).

Die Ergebnisse zeigen, daß Interesse und Überraschung in allen drei Versuchsphasen dominieren. Es gelang offensichtlich nicht, in der 3. Phase des Experimentes signifikant Freude auszulösen. Zwar weisen die Piktogrammergebnisse in die gewünschte Richtung, sie widersprechen aber den Daten, die mittels DES gewonnen wurden. Offensichtlich hat die nicht vertraute Versuchssituation dazu beigetragen, Gefühlsmischungen bei den meisten Versuchsteilnehmern auszulösen. Der folgende 1. Hypothesentest stützt sich deshalb auf die Versuchsteilnehmer, die ihr emotionales Verhalten in der gewünschten Reihenfolge selbst eingeschätzt hatten. Als Auswahlkriterium diente der Skalenwert "drei" auf der fünfstufigen Ratingskala. Er mußte für die geforderte Dimension überschritten, für die beiden anderen Dimensionen unterschritten werden.

Die restlichen Versuchsteilnehmer, die für alle drei Phasen des Experiments mehrere Gefühle bekundeten, können entsprechend der 2. und 3. Hypothese danach unterschieden werden, ob es sich um starke oder schwache Gefühlsmischungen handelt. Als Unterscheidungskriterien wurden gewählt:

- Starke Gefühlsmischungen: wenigstens zwei Emotionen überschreiten den Skalenwert "vier".

- Schwache Gefühlsmischungen: Keine der drei Emotionen über-
  schreitet den Skalenwert "drei".

Reliabilitäts- und Validitätsprüfung

Varianzanalytische Tests zeigen, daß der Erhebungszeitpunkt
keinen Einfluß auf die Selbsteinschätzung ausübt. Bei der
Fremdeinschätzung kommt es nicht darauf an, welche Emotionen
bewertet werden. In diesem Sinne liegen zuverlässige Ergebnisse vor.

Zur Validierung der Piktogramme wurde geprüft, inwieweit die
verschiedenen Emotionskategorien den einzelnen Gesichtern
zugeordnet wurden. Die folgende Tabelle zeigt die Mittelwer-
te der Selbst- und Fremdeinschätzung, zur Prüfung der Signifikanz der Mittelwertunterschiede wurde der t-Test für abhängige Stichproben durchgeführt. Die Tabelle belegt die
Validität der Piktogramme, sowohl im Rahmen der Selbsteinschätzung als auch der Fremdeinschätzung.

Piktogramme	Selbsteinschätzung			Fremdeinschätzung		
	Inter-esse	Über-raschung	Freude	Inter-esse	Über-raschung	Freude
Interesse	3,77	2,77	3,00	3,43	2,85	3,02
Überraschung	2,88	4,44	3,22	2,90	4,11	2,90
Freude	2,11	1,34	4,67	2,01	1,33	4,51

Die Validität der DES-Itembatterie zur Fremdeinschätzung
wurde faktorenanalytisch überprüft, indem die extrahierten
Faktoren mit den von Izard vorgegebenen Dimensionen verglichen wurden. In Anbetracht der geringen Fallzahl bei der
Selbsteinschätzung (n=18) mußte auf eine Faktorenanalyse
verzichtet werden.

Prüfung der Hypothesen

Zur Hypothesenprüfung wurden die Fremdeinschätzung und die
FACS-Beurteilung herangezogen. Da das FAC-System nur nominal
skalierte Ergebnisse liefert, müssen die Ergebnisse zur
Fremdeinschätzung dichotomisiert werden. Zur Validierung
werden die Ergebnisse der Selbsteinschätzung herangezogen
und nur FACS-Ergebnisse berücksichtigt, die Interkodiererreliabilitäten ab 0,65 aufweisen.

Zur 1. Hypothese

Die 1. Hypothese lautet: Mittels FACS ermittelte Emotionen
stimmen mit der Selbsteinschätzung besser überein als mit
Ergebnissen anderer Verfahren der Fremdeinschätzung. Dazu
wurde geprüft, inwieweit die selbst empfundenen Emotionsqualitäten mit Hilfe des FAC-Systems richtig erkannt wurden.
Das von Ekman und Friesen entwickelte Programm ermöglicht
die Bestimmung der AU's, die von den FACS-Kodierern innerhalb der einzelnen Phasen erkannt werden.

Für "Interesse" werden keine AU's ausgewiesen. Von den Kodierern wurden am häufigsten die AU's 4, 7, 12 und 25 genannt. Durch zusätzliche Tests muß geprüft werden, ob sie

ausreichen, Interesse auszudrücken.

Als hauptsächliche Indikatoren für "Überraschung" werden die AU's 1, 2, 5 und 26 vorgegeben. Die FACS-Kodierung bestätigte die AU 26 als eine wichtige Action Unit (Jaw Drop). Soll mit Hilfe des FAC-Systems die Emotion "Freude" erkannt werden, sollten die AU's 6 und 12 kodiert werden. Die FACS-Kodierer erkannten die AU's 12, 25 und 26, was eine Konfiguration bildet, die nicht der gesuchten Emotionsdarstellung widerspricht.

Die folgende Tabelle vergleicht die FACS-Beurteilung mit der Fremdeinschätzung je Emotion und bestätigt die 1. Hypothese:

Phase	Vps	Interesse			Überraschung			Freude		
		SE	FE	FACS	SE	FE	FACS	SE	FE	FACS
1	C	5	26	(86)	3	32		3	21	
2	D	3	33		4	6	87	3	28	
3	F	3	37		3	37		4	11	80

Die Angaben in den Spalten bedeuten:

Phase: 1=Interesse, 2=Überraschung, 3=Freude

Vps: Untersuchung der Versuchsteilnehmer, die ihr emotionales Verhalten in der gewünschten Reihenfolge am stärksten eingeschätzt haben.

SE: Intensitätswert der Selbsteinschätzung auf einer 5-stufigen Ratingskala.

FE: Prozentualer Anteil der Fremdeinschätzung, der mit der Selbsteinschätzung übereinstimmt. Dabei wurde der höhere der mittels DES bzw. Piktogramm ermittelte Wert gewählt.

FACS: Prozentualer Anteil der mittels FACS erkannten AU, die zur jeweiligen Emotion gehört. Die Angabe zu "Interesse" kann nur bedingt interpretiert werden, da das FAC-System diese Emotion nicht näher charakterisiert.

Zur 2. Hypothese

Die 2. Hypothese lautet: Gefühlsmischungen lassen sich mittels FACS eindeutiger interpretieren als durch andere Verfahren der Fremdeinschätzung. Eine starke Gefühlsmischung liegt vor, wenn wenigstens zwei Emotionen den Skalenwert "vier" überschreiten.

Die Untersuchung hat gezeigt, daß Gefühlsmischungen besser mittels DES als durch Kombination von Piktogrammen erfaßt werden können. Auch im FAC-System bereitet es Schwierigkeiten, starke Emotionsmischungen zu erkennen, wie die folgende Tabelle zeigt:

Phase	Vps	Interesse		Überraschung		Freude		Kodierte Aktionseinheiten							
		SE	FE	SE	FE	SE	FE	1	2	8	12	15	25	26	41
1	H	5	37	5	11	3	47				100				
2	E	5	26	4	56	4	16	14	17	10	69	52			
3	E	5	–	4	21	4	58	7	7	–	44	6	64	34	45

Die Angaben zur Fremdeinschätzung wurden mittels DES ermittelt und drücken den prozentualen Anteil der richtig erkannten Emotionsmischungen (durch Vergleich mit SE wie bei der
Überprüfung der 1. Hypothese) aus. Die kodierten Aktionseinheiten 12, 25 und 26 tragen am meisten zur Charakterisierung
von Emotionsmischungen bei. Der prozentuale Anteil der Kodierer, die diese AU's angegeben haben, schwankt je Phase.
Nur in der dritten Phase wurden alle drei AU's zu 44%, 64%
bzw. 34% angegeben. Der Hypothesentest liefert also ein
unklares Ergebnis.

Zur 3. Hypothese:

Die 3. Hypothese lautet: Bei schwachen Emotionen sind Gefühlsmischungen mittels FACS prägnanter erkennbar als per
Fremdeinschätzung. Eine schwache Gefühlsmischung liegt vor,
wenn keine der drei Emotionen den Skalenwert "drei" über-
schreitet. Für die 3. Phase des Experiments konnten folgende
Ergebnisse ermittelt werden (zur Legende vgl. die obige
Tabelle):

Phase	Vps	Interesse		Überraschung		Freude		kodierte Aktionseinheiten		
		SE	FE	SE	FE	SE	FE	12	25	36
3	B	3	36	3	47	2	–	99	23	74

Für diese Phase wird die 3. Hypothese bestätigt. Während der
prozentuale Anteil der Fremdeinschätzung mittels DES, der
mit der Selbsteinschätzung übereinstimmt, je nach Emotionen
zwischen 0 und 47% schwankt, wurden die für die Emotions-

mischungen relevanten AU´s von wesentlich mehr Kodierern
richtig erkannt (23% - 99%). Offensichtlich bewährt sich das
FAC-System bei schwachen Emotionsmischungen, da das Gesicht
besonders dann wenig Prägnanz für eine ganzheitlich-intui-
tive Beurteilung bietet. Man kann sehen, daß bei starken
Emotionsmischungen (vgl. die Prüfung der 2. Hypothese) auch
die Möglichkeiten ansteigen, den emotionalen Ausdruck eines
gesamten Gesichts richtig einzuschätzen.

Diskussion der Ergebnisse

Die Ergebnisse zum ersten Validierungstest des FAC-Systems
im Rahmen der Konsumentenforschung lassen sich vielschichtig
interpretieren. Vor allem haben die Ergebnisse zum 1. Hypothesentest die Eignung dieses Systems, ausgewählte Primäremotionen detailliert zu analysieren, bestätigt.

Die meisten Ergebnisse stützen sich auf Muskelbewegungen in
der unteren Gesichtshälfte. Das liegt zum einen an der
unterschiedlichen Beweglichkeit beider Gesichtshälften, zum
anderen aber an der Qualität der Filmaufnahmen. Die Notation
der mimischen Muskelkontraktionen in der Augenpartie stellt
besonders hohe Anforderungen an die Qualität des Filmmaterials (vgl. Bekmeier und Schoppe, 1985, S. 36).

Auf die besonderen Probleme, die FACS der praktischen Marktforschung bereitet, soll nicht wiederholt eingegangen werden. Die praktische Relevanz von FACS wird davon abhängen,
inwieweit es gelingt, das System zu vereinfachen. Eine
Möglichkeit dazu scheint EMFACS zu sein, wie die aktuelle
Forschung zeigt und worüber berichtet wurde.

Eine besondere Bedeutung kann einer vereinfachten Version von FACS im Rahmen der Marktforschung für die Analyse von Emotionsmischungen in Low-Involvement-Situationen zukommen. Besonders dann nämlich versagen die ganzheitlich orientierten Verfahren zur Analyse der Mimik von Konsumenten.

2.3. Das Berner System zur Erfassung der Körpersprache von Konsumenten

Das "Berner System" ist ein halbautomatisches Verfahren zur Analyse nonverbaler Interaktionen von Personen. Es wurde am Psychologischen Institut der Berner Universität von Frey und Mitarbeitern entwickelt (vgl. Frey, Hirsbrunner, Pool und Daw, 1981).

2.3.1. Kodierung der Daten

Zur Erfassung komplexer Bewegungsabläufe einzelner Körperteile (wie Hände, Arme, Rumpf, Kopf, Beine, Füße) und ihrer Kombination zu bestimmten Körperhaltungen im Sitzen benötigt man ein leistungsfähiges Kodiersystem. Das Berner System bedient sich einer Zeitreihen-Notation, die es erlaubt, für jeden Körperteil die Anzahl, die Art und das Skalenniveau der Kodierungsdimension sowie die Definition der Positionszustände, die innerhalb jeder Dimension unterschieden werden, zu erfassen. Die zeitliche Dimension wird durch Mitlaufen einer Uhr erfaßt. Die unterscheidbaren Körperpositionen zeigt die folgende Tabelle (Frey et al. 1981, S. 216):

Körperteil	Anzahl kodierter Dimensionen	Dimensionen	Skalenniveau/ Anzahl Positionen	Erfaßbare Bewegungsvariation
(1) Kopf	3	Sagittal	Ordinal/5	Heben/Senken des Kopfes
		Rotational	Ordinal/5	Links-/Rechtsdrehung des Kopfes
		Lateral	Ordinal/5	Links-/Rechtskippung des Kopfes
(2) Rumpf	3	Sagittal	Ordinal/5	Vorbeugen/Zurücklegen des Rumpfes
		Rotational	Ordinal/5	Links-/Rechtsdrehung des Rumpfes
		Lateral	Ordinal/5	Links-/Rechtskippung des Rumpfes
(3) Schultern	2	Vertikal	Ordinal/3	Heben/Senken der Schulter
		Tiefe	Ordinal/3	Vor-/und Zurückschieben der Schulter
(4) Oberarme	3	Vertikal	Ordinal/9	Heben/Senken des Oberarms
		Tiefe	Ordinal/9	Vorwärts-/Rückwärtsbeugung des Oberarms
		Berührung	Nominal/7	Oberarmkontakt mit Tisch-/Stuhl-/Körperregionen
(5) Hände	9	Vertikal	Ordinal/14	Aufwärts-/Abwärtsverlagerung der Hand
		Horizontal	Ordinal/9	Links-/Rechtsverlagerung der Hand
		Tiefe	Ordinal/8	Vorwärts-/Rückwärtsverlagerung der Hand
		X/Y Orientierung	Ordinal/9	Richtungsänderung der Hand in der Vertikalebene
		z Orientierung	Ordinal/5	Vorwärts-/Rückwärtsbeugung der Hand
		Drehung	Ordinal/9	Aufwärts-/Abwärtsdrehung der Handfläche
		Öffnung	Ordinal/4	Öffnen/Schließen der Hand
		Faltung	Nominal/2	Finger ineinander gefaltet/nicht ineinander gefaltet
		Berührung	Nominal/52	Handkontakt mit Tisch-/Stuhl-/Körperregionen
(6) Oberschenkel	3	Vertikal	Ordinal/5	Heben/Senken des Oberschenkels
		Horizontal	Ordinal/5	Links-/Rechtsverlagerung des Oberschenkels
		Berührung	Ordinal/3	Kontakt der Oberschenkel im Bereich der Knie
(7) Füße	7	Vertikal	Ordinal/9	Aufwärts-/Abwärtsverlagerung des Fußes
		Horizontal	Ordinal/7	Links-/Rechtsverlagerung des Fußes
		Tiefe	Ordinal/7	Vorwärts-/Rückwärtsverlagerung des Fußes
		Sagittal	Ordinal/5	Aufwärts-/Abwärtskippung des Fußes
		Rotational	Ordinal/5	Einwärts-/Auswärtsdrehung des Fußes
		Lateral	Ordinal/5	Einwärts-/Auswärtskippung des Fußes
		Berührung	Nominal/10	Fußkontakt mit Tisch-/Stuhl-/Körperregionen
(8) Sitzposition	2	Horizontal	Ordinal/3	Links-/Rechtsverlagerung der Sitzposition
		Tiefe	Ordinal/3	Vorwärts-/Rückwärtsverlagerung der Sitzposition

Ein Ausschnitt des Kodierschemas für Handpositionen kann aus
der folgenden Tabelle entnommen werden (vgl. Frey et al.
1981, S. 231):

Kodierungsschema für Handpositionen

Vertikal

Die Mitte der Hand befindet sich:

	Code
oberhalb des Kopfes	01
in Höhe des Kopfes	02
im Bereich von Kopf/Hals/Schultern	03
im Bereich von Schultern/Rumpf	04
im oberen Bereich des Rumpfes	05
im mittleren Bereich des Rumpfes	06
im unteren Bereich des Rumpfes	07
in Höhe des Beckens	08
in Höhe des Oberschenkels	09
in Kniehöhe	10
im Bereich des Unterschenkels	11
im Bereich von Unterschenkel/Fuß	12
in Höhe des Fußes	13
am Boden	14

Horizontal

Die Mitte der Hand befindet sich:

	Code
eine volle Armlänge vom Körper entfernt	1
eine halbe Armlänge vom Körper entfernt	2
im Bereich der rechten Stuhlkante	3
an der rechten Körperkontur	4
innerhalb der rechten Körperhälfte	5
in der Körpermitte	6
innerhalb der linken Körperhälfte	7
an der linken Körperkontur	8
außerhalb der linken Körperkontur	9

Tiefe

Die Mitte der Hand befindet sich:

	Code
eine Armlänge vor dem Körper	1
eine halbe Armlänge vor dem Körper	2
dicht vor dem Körper	3
an der vorderen Körperkontur	4
an der Seite des Körpers	5
an der hinteren Körperkontur	6
dicht hinter dem Körper	7
deutlich hinter dem Körper	8

Berührung

Die Hand berührt:

	Code
nichts	01
die rechte Seite des Gesichts	02
die linke Seite des Gesichts	03
die Gesichtsmitte	04
das Kinn	05
Hals und Kopf	06
den Hals	07
Hals und Schulter	08
im oberen Bereich des Rumpfes	09
den mittleren Bereich des Rumpfes	10
den unteren Bereich des Rumpfes	11
das Becken	12
den Oberschenkel	13
den Kniebereich	14
den Unterschenkel	15
Unterschenkel und Fuß	16
den Fuß	17
Fuß und Boden	18
den Boden	19
den Tisch	20
den Oberarm	21
Oberarm und Unterarm	22
den Unterarm	23
Unterarm und Hand	24
die Hand (bedeckend)	25
die Hand (bedeckt)	26
die Hand (nicht bedeckt/bedeckend)	27
den Stuhl	28
Bereiche von Code 12 und 27	29
Bereiche von Code 12 und 26	30
Bereiche von Code 12 und 25	31
Bereiche von Code 11 und 27	32
Bereiche von Code 11 und 26	33
Bereiche von Code 11 und 25	34
Bereiche von Code 10 und 22	35
Bereiche von Code 10 und 27	36
Bereiche von Code 26 und 28	37
Bereiche von Code 9 und 22	38
Bereiche von Code 13 und 27	39
Bereiche von Code .. und ..	40
etc. (nach Bedarf)	41

Der Umfang der möglichen Stellungen eines Körperteils errechnet sich aus der Anzahl der Positionen, die in jeder
Dimension für dieses Körperteil möglich sind. Beispiel für
den Kopf aus der vorletzten Tabelle: 5x5x5=125 verschiedene
Positionen. Das Auflösungsvermögen des Notationssystems
nimmt also bei geringfügigem Zuwachs an Positionen pro-
gressiv zu.

Sobald die Kodierer das Notationssystem erlernt haben (etwa
ein Tagestraining), kann das auf Videoband gespeicherte Verhalten in <u>Datenprotokolle</u> übertragen werden. Ein solches
Datenprotokoll zur Speicherung der Bewegungsabläufe und
zusätzlich der Sprache einer Person sieht beispielsweise
folgendermaßen aus (vgl. Frey et al., 1981, S. 224).

ID	ZEIT	KOPF	RUMPF/SCH	OBERARME	RECHTE HAND	LINKE HAND	OBERSCHR. FUSS	L. FUSS	S/P	SPRACHE
		S R L	S R L V T V T	V T B V T B	V - H T / Z D O B -	V - H T / Z D O B -	V H B V H V H T S R L B -	V H T S R L B -		
	455	2 5 4	3 2 2 1 3 1 3	5 5 3 4 4 2	0 6 6 3 2 7 2 8 3 9	0 8 6 3 6 1 2 8 3	3 5 4 3 2 5 3 6 5 2 2 2 0 1	4 3 4 1 6 4 0 2	4	
	460									MM
	465									
	470	1 3					5 ·			
	475									
	480	5								ACH SO
	485	2					3 1			NA, JA
	490						2 2			AH
	495						3			DAS WAR GANZ
	500	1 3 2	7				5	1		SPONTAN
	505									
	510									VON ES
	515	1 1								VON EM TOBIA
	520	2 3 3	4 3 5 1 2 1 2 7		4	4	4 3 1 2	4 1 1 2		S
	525	1 1 2 1 3	5			P	6 2 5 4	3 1		GEHÖRT
	530	5 2 1 1 1	1 1 1 1		2	2	5 5 5 2 2	4 1		DASS
	535	3 2					3 4	1		BEZIEHUNGSWE
	540	2 1 4 2					5 3 2 2			ISE VON DER
	545	1 6 1 1		4 2 3 2	4	4	6 3 4	2		XENIA ICH
	550						5	1		SOLL DAS MA
	555	3								CHEN WEIL SIE
	560						4 5 4			KEINE ZEIT
	565						5			HAT N' HAB ICH
	570									GESAGT JA JA
	575									MACH ICH
	580	6 1 2								SCHON (125
	585	4	4							MM
	590	4 2								
	595									ACH NE
	000									WER WAR

Jeder Körperteil wird in einem separaten Durchgang kodiert. Sobald eine Bewegung wahrnehmbar ist, wird die veränderte Position des Körperteils registriert und der jeweiligen Zeitmarke zugeordnet. Dabei kann die Laufgeschwindigkeit des Bandes variiert und den Kodierfähigkeiten angepaßt werden.

Die Kosten der Kodierung hängen zum einen von der Informationsmenge und zum anderen von der Festlegung der Zeitintervalle ab. Bewährt haben sich Halbsekundenintervalle. Zur Vereinfachung der Kodierungsarbeit haben Frey et al. eine Transkriptionsanlage entwickelt, die es erlaubt, auf das auf dem Bildschirm gezeigte Verhalten die Polarkoordinaten, orthogonale Fadenkreuze, in Schwarz-Weiß-Sektoren aufteilbare Linien, Punkte und Flächen zu projizieren. Dadurch lassen sich die Positionen der Körperteile exakt bestimmen.

Die Validität und Reliabilität des Berner Systems ist wiederholt überprüft worden. Nur solche Positionen des Körpers sind für die Kodierung relevant, die im Datenprotokoll von jedem Beobachter, der das Berner System erlernt hat, zuverlässig abgebildet werden können. Zur Prüfung der Validität ist mit Erfolg wiederholt versucht worden, aus Datenprotokollen das ursprünglich gezeigte Verhalten zu rekonstruieren. Es wurden Übereinstimmungen bis zu 98% erreicht. Dabei ist aber zu berücksichtigen, daß Körperbewegungen nur in sitzender Haltung analysiert werden können.

2.3.2 Auswertung von Zeitreihen

Erste Informationen über das Ausdrucksverhalten liefert eine globale Analyse der Datenmatrix. Aus der Dichte der be-

schriebenen bzw. nicht beschriebenen Felder erkennt man die
Bewegungsintensitäten. Aus der Häufigkeit der Eintragung
kann man auf die Komplexität der Bewegung schließen.

Der Rhythmus der Bewegungen wird aus der Dauer der Bewe-
gungs- und Ruhephasen ersichtlich. Je länger das Aktivitäts-
intervall ist, desto runder und fließender sind die Bewegungen. Durch Einbeziehung der Sprache ist es möglich, Beziehungen zwischen Bewegungsverhalten und verbaler Kommunikation herzustellen.

Eine grafische Darstellung der Bewegungsaktivitäten erleichtert die zeitliche Analyse der Körpersprache. Dazu
werden Zeitintervalle auf der Abzisse abgetragen. Eine speziell für das "Berner System" entwickelte Software liefert
im on-line-Verfahren mit dem Rechner die gewünschte Information auf dem Bildschirm eines Oszillographen oder eines XY-
Recorders.

Es ist möglich, einen Parameter in einer Dimension und die
Bewegungen mehrerer Parameter festzuhalten. Die Aussonde-
rungen bestimmter Bewegungen mit anschließender grafischer
Darstellung führt zu einer einfachen und übersichtlichen
Interpretation der Zeitreihenprotokolle. In gleicher Weise
kann zusätzlich die Sprache grafisch aufbereitet werden.

Neben ordinal skalierten Daten aus Bewegungen (z.B. mehr
oder weniger Neigung des Oberkörpers) können auch Nominalda-
ten grafisch erfaßt werden (z.B. Falten der Hände). Derartige Vorgänge erkennt man an der grundsätzlichen Veränderung
von Bewegungsabläufen. Beispiel: Das Heben des Körpers erkennt man an den veränderten Sagittal- und Lateraldimensio-
nen, wobei sich rotational nichts zu ändern braucht. So

können Reaktionen von Kommunikationspartnern auf ein bestimmtes Ereignis herausgearbeitet werden.

Das Berner System ermöglicht auch eine zeitgenaue Registrierung von Sprachlauten, die unterschiedlich hinsichtlich Lautstärke, Klangfarbe etc. geäußert werden. Die von Hirsbrunner entwickelte Sequel-Analyse ordnet jedem Laut ein optisch unterscheidbares Muster zu. So erhält man Lautmuster unterschiedlicher Sprecher für gleiche Laute, um die Bewegungen eindeutig und zeitlich genau zuzuordnen. Durch diese Art der Auswertung von Zeitreihen lassen sich also komplexe Datenmengen räumlich auflösen, wobei die Beweglichkeit jedes Körperteils auf seinen anatomischen Eigenschaften beruht.

2.3.3 Eine empirische Studie

Ziel der Studie

Man weiß bereits, daß Gefühle durch die Körperhaltung ausgedrückt werden können. Die Beschränkung der Analyse auf eher statische Verhaltenseinheiten vernachlässigt jedoch die Körperbewegung, um die es hier geht.

Im Rahmen einer am Lehrstuhl für Absatz-, Konsum- und Verhaltensforschung der Universität Paderborn durchgeführten Studie sollte untersucht werden, ob induzierte Primäremotionen oder Emotionsmuster durch charakteristische Bewegungsaktivitäten des Körpers begleitet werden (vgl. Bekmeier und Schoppe, 1986).

Herkunft und Erfassung des Datenmaterials

An der Universität -GH- Paderborn wurde im Sommersemester
1985 im Rahmen der Validitätsstudie zum Facial Action Coding
System (über diese Studie wurde unter 2.2.4 bereits berichtet) synchron zur Mimik auch das Bewegungsverhalten der
Versuchsteilnehmer aufgezeichnet. Gemäß dem experimentellen
Design sollten die Versuchspersonen eine bestimmte Sitzposi-
tion einnehmen, so daß die Körperhaltung, die mittels einer
mit einem Zoomobjektiv ausgestatteten Kamera gefilmt wurde,
als eine standardisierte Variable des körperlichen Verhaltens betrachtet werden kann. In Anbetracht dieser eher
"fremdbestimmten" Körperhaltung konzentrierte sich die Analyse auf die Körperbewegung.

Die Selbsteinschätzung der Versuchspersonen, die mittels der
von Izard entwickelten Differential-Emotion-Scale (1981, S.
150 f.) sowie den in Anlehnung an Behrens (1982, S. 181)
entwickelten Pictogrammen erhoben wurde, bildete die Grundlage zur Bestimmung der erlebten Emotionen der Befragten. Es
wurde das Bewegungsverhalten der Personen untersucht, die
primäre Emotionen oder Emotionsderivate empfunden hatten und
bei denen eine Emotionsqualität eindeutig identifiziert
werden konnte. Dieses Auswahlkriterium war erfüllt, wenn die
Selbsteinschätzung einen Skalenwert von größer 3 aufwies.
Die folgende Tabelle zeigt die Zuordnung der Stimulusperso-
nen zu den Emotionskategorien:

Interesse	Überraschung	Freude
C (DES)	D (DES)	F (DES/Pikto)
G (Pikto)	E (DES/Pikto)	G (DES/Pikto)
E (Pikto)	I (DES)	E (DES/Pikto)
H (DES)		I (DES)
I (Pikto)		
K (DES)		

Dabei bedeutet:

C - K: Die zu untersuchenden Vps

(DES):   Auswahlkriterium wird durch die Skalenwerte bei der
            DES erfüllt

(Pikto):   Auswahlkriterium wird durch die Skalenwerte bei den
            Piktogrammen erfüllt

Die Erfassung und Bewertung des Bewegungsverhaltens erfolgte
mittels des Berner Systems. Dazu wurde das Videomaterial in
ein detailliertes Datenprotokoll transkribiert. Kodiert
wurden die Positionsänderungen der sichtbaren Körperteile.
Das Datenprotokoll besteht demnach aus Werten, die in dis-
kreter Abfolge das kontinuierliche Bewegungsverhalten
wiedergeben. Die Kodierung erfolgte mit Hilfe eines Formblattes, auf dem die wahrgenommenen Positionsänderungen in
Abhängigkeit von der räumlichen Dimension und der im Videofilm eingeblendeten Zeitreferenz eingetragen wurden. Für die
Zeitreihennotation wurde in Anlehnung an Frey (1981, S. 219)
ein 0,5 Kodierintervall gewählt, d.h. das Bewegungsverhalten
wurde je halbe Sekunde notiert.

Um eine möglichst einheitliche Kodierung zu gewährleisten,
wurde das gesamte Videomaterial von demselben trainierten
Kodierer erfaßt. Nach Erstellen des ersten Rohdatenpro-

tokolls wurden problematische Kodierungen sondiert und mit
Frey und seinen Mitarbeitern diskutiert, bis Übereinstimmung
vorlag. Zur Kontrolle von Übungs- und Ermüdungseffekten
wurden immer wieder Pausen zwischen den eigentlichen Kodier-
phasen eingelegt.

In Anbetracht der unterschiedlichen Dauer der einzelnen
Emotionsqualitäten ergaben sich unterschiedliche Zeitstich-
proben:

Emotionskategorie	Zeitstichprobe
Interesse	20 Sek.
Überraschung	10 Sek.
Freude	10 Sek.

Die folgende Tabelle zeigt ausschnittsweise das Datenprotokoll der Versuchsperson E während der Emotion "Interesse":
EPH2

```
     KPF RU/SCH OBARMER. HAND   L. HAND   OSCH R. FUSS L. FUSS S SPRACHE
     SRLNSRLVIVIVIBVIBV-HT/ZDCB-V-HT/ZDCB-VHBVHVHTSRLB-VHTSRLB-P----------

00260025433221313553442086321283908636128335432536522201134164024..........
00265...........................................................................
00270...........................................................................
00275...........................................................................
00280...........................................................................
00285...........................................................................
0029013.....................................................5..2................
00295...........................................................................
00300.5.....................................................................
003052.....................................................51................
00310...........................................................22................
00315...........................................................3................
00320132..1.................................5................1................
00325...........................................................................
00330...........................................................................
00335...........................................................................
00340...........................................................................
00345...........................................................................
00350...........................................................................
00355...........................................................................
00360...........................................................................
00365...........................................................................
00370..1.1.......................................................................
00375233543512127..........4........4.......4..312...4.11202................
003801.1321312125...................7....46.254......31................
0038515231111111..........2.........2...7....55.522.....41................
```

Im Rahmen des Experiments kommunizierten die meisten Versuchspersonen ausschließlich nonverbal, verbale Äußerungen kamen nur in seltenen Fällen vor. In Anbetracht der untergeordneten Bedeutung von verbalen Äußerungen für die Fragestellung wurde auf eine Transkription der Sprache verzichtet.

Grafische Datenanalyse

Im ersten Schritt der Analyse werden die Rohdatenprotokolle grafisch aufbereitet, um erste Hinweise auf mögliche Verhaltensvorgänge zu erhalten. In der folgenden Grafik (S. 67) wird die Bewegungsaktivität der Emotionen "Interesse", "Überraschung" und "Freude" ausgedrückt.

Erklärungen zur Grafik S. 67:

CP2-KP2 = Bezeichnung der Vps, die starkes Interesse bekundeten

DP3-IP3 = Bezeichnung der Vps, die starke Überraschung bekundeten

FP4-EP4 = Bezeichnung der Vps, die starke Freude bekundeten

y-Achse = Bewegungsaktivität

x-Achse = Beobachtungszeit

INDUZIERTE EMOTION UND BEWEGUNGSAKTIVITAET

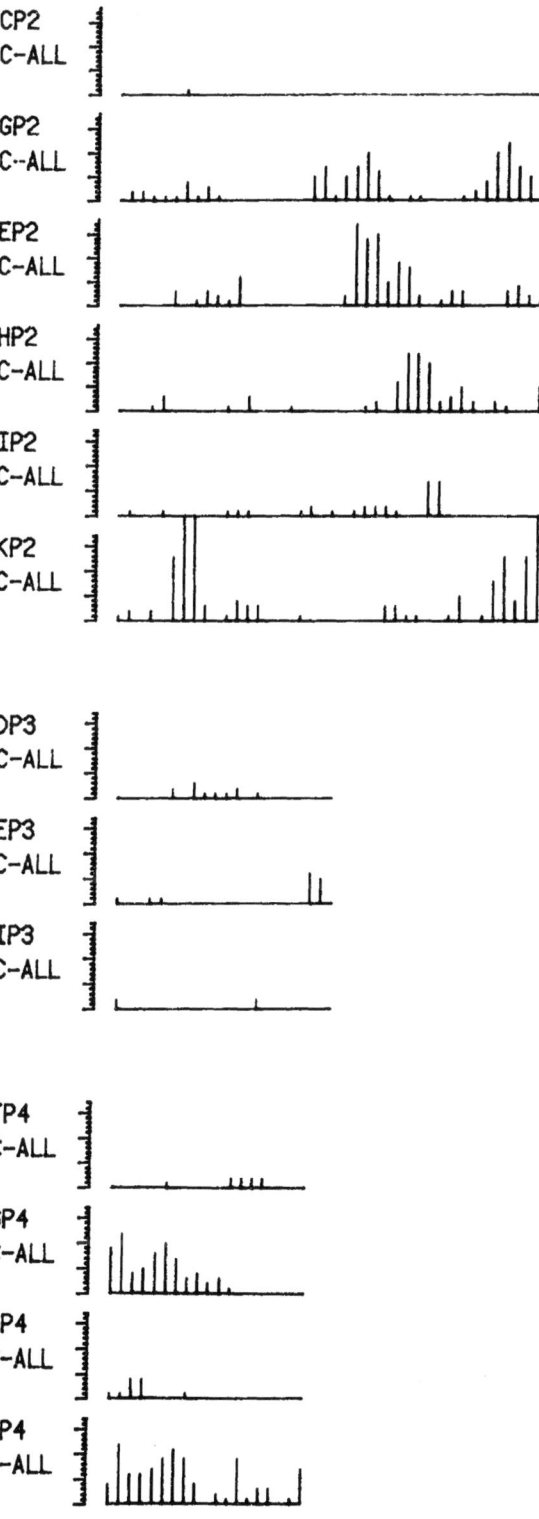

Man erkennt bereits auf den ersten Blick, daß "Interesse" bei mehreren Versuchspersonen von häufigen Bewegungen begleitet wird. Dagegen wird "Überraschung" vergleichsweise bewegungsarm ausgedrückt. "Freude" korrespondiert bei wenigen Versuchspersonen mit intensiven Bewegungen.

Bestimmung der Analyse-Parameter

Für eine detaillierte Betrachtungsweise des Bewegungsverhaltens wird eine Individualanalyse durchgeführt, in der die Mobilität, Komplexität und Dynamik der Körperbewegung untersucht wird. Die folgende Abbildung zeigt beispielhaft das Bewegungsverhalten der Versuchsperson EP2 während der induzierten Emotion "Interesse".

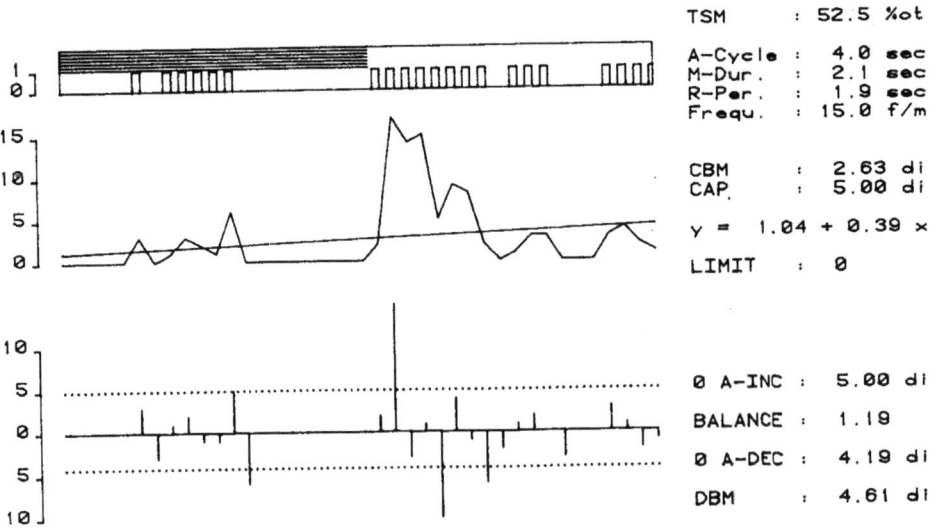

MOBILITY, COMPLEXITY AND DYNAMIC ACTIVATION OF BODY MOVEMENT
(File 18 : EP2(C-ALL), 1- 40)

Die obere Grafik visualisiert die Bewegungs- und Ruhephasen der Versuchsperson. Durch die vertikalen Linien wird für jede halbe Sekunde angegeben, ob ein Körperteil in Bewegung ist. Die horizontalen Linien repräsentieren den Anteil der Bewegung an der gesamten Beobachtungszeit (Time Spend in Motion). Dieser Parameter wird aus der Datenmatrix folgendermaßen berechnet (vgl. Fisch, Frey, Hirsbrunner, 1983, S. 183 f.) :

$$TSM = \frac{100}{n-1} \sum_{i=2}^{n} c_i \qquad c_i = \begin{cases} 0 & p_i = p_{i-1} \\ 1 & p_i \neq p_{i-1} \end{cases}$$

Dabei bedeutet:

p_i = die eingenommene Position zum Beobachtungszeitpunkt t_i

n = die gesamte, in Halbsekundenschritte aufgelöste, Beobachtungszeit

c_i = Unterschied zwischen zwei benachbarten Positionszahlen

Bei einem TSM-Wert von 52,5% ist die Versuchsperson über die Hälfte der Beobachtungszeit in Bewegung. Die durchschnittliche Dauer des Aktivitätszyklus' (bestehend aus einer Bewegungs- und Ruhephase) beträgt 4,0 Sekunden. Davon ergeben sich für die Bewegungsphase eine durchschnittliche Zeiteinheit (Movement Duration) von 2,1 Sekunden und für die Ruhephase (Rest Period) von 1,9 Sekunden. Innerhalb einer Minute würde diese Versuchsperson somit 15 Bewegungszyklen durchführen.

Mit der mittleren Grafik wird die Komplexität des Bewegungsverhaltens (Complexity of Body Movement) analysiert. Der CBM-Parameter ist definiert als die durchschnittliche Anzahl der unterschiedlichen Dimensionen, die bei einer Bewegung simultan beteiligt sind. Er wird folgendermaßen berechnet (vgl. ebd.):

$$CBM = \frac{1}{n-1} \sum_{i=2}^{n} \sum_{j=1}^{46} c_{j,i} \qquad c_{j,i} = \begin{cases} 0 & p_{j,i} = p_{j,i-1} \\ 1 & p_{j,i} \neq p_{j,i-1} \end{cases}$$

Dabei bedeutet:

p_{ij} = der Positionscode für die Dimension d_j zur Zeit t_i

n = die gesamte, in Halbsekundenschritte aufgelöste, Beobachtungszeit

Die Berechnung der CBM basiert auf 46 ordinal skalierten Dimensionen, die zur Notation des Verhaltens zur Verfügung stehen. Die obige Grafik zeigt, daß in der Mitte der Beobachtungszeit, etwa während der 11. bis 15. Sekunde, die Versuchsperson viele Körperteile simultan bewegt hat. Man kann die Beobachtungskomplexität bei einem CBM-Koeffizienten von 2,63 d_i (d.h. 2,63 Dimensionen wurden im Durchschnitt zur selben Zeit verändert) für "Interesse" als hoch bewerten. Die Beschränkung dieser Berechnung auf die Aktivitätsphasen ergibt den CAP-Parameter (Complexity of Activation Phases). In diesem Fall sind durchschnittlich 5,00 Dimensionen an der Bewegung beteiligt. Die Regressionsgerade belegt die Zunahme der Bewegungsaktivität im Zeitablauf (Zunahme = 0,39 Dimensionen pro Beobachtungsminute).

Die untere Grafik bezieht sich auf die Zu- bzw. Abnahme der Gestik. Oberhalb der Nullinie wird die Zunahme und unterhalb die Abnahme des Bewegungsverhaltens notiert. Die Visualisierung der Dynamik des Bewegungsverhaltens gibt Aufschluß über die Geschwindigkeit, mit der die Anzahl der Bewegungsdimensionen variiert. Dieser Parameter wird als DBM (Dynamic Activation of Body Movement) bezeichnet und folgendermaßen berechnet (vgl. ebd.):

$$DBM = \sqrt{\frac{1}{m} \sum_{i=2}^{n} (d_i - d_{i-1})^2} \qquad d_i = \sum_{j=1}^{46} c_{j,i}$$

Dabei bedeutet:

d_i = die Anzahl der Dimensionen, die zur Zeit t_i aktiv sind

m = die Anzahl der Fälle, in denen eine Änderung in der Anzahl der Dimensionen auftritt ($d_i \neq d_{i-1}$)

n = die gesamte, in Halbsekundenschritte aufgelöste, Beobachtungszeit

Die gepunktete Linie kennzeichnet die durchschnittliche Zunahme (A-Inc = 5,00 di) bzw. Abnahme (A-Dec = 4,19) der Anzahl der Dimensionen, die an der Bewegung beteiligt sind. Der "Balance-Wert" setzt die Aktivitätszunahme in das Verhältnis zur Aktivitätsabnahme (5,00/4,19 = 1,19). Da der Wert größer 1 ist, zeigt er eine höhere Zunahme als Abnahme des Bewegungsverhaltens.

Signifikanzprüfung

Um festzustellen, inwieweit die ausgelösten Emotionen von verschiedenen Bewegungsaktivitäten begleitet werden, sollen im folgenden die an dem individuellen Beispiel bereits erläuterten Parameter (TSM, A-Cyle, M-Dur, R-Per, CBM, CAP, Drift, A-Inc, A-Dec, DBM) über alle selektierten Versuchspersonen aggregiert werden. Mittels des zweiseitigen t-Tests wird sodann geprüft, ob signifikante Differenzen zwischen den Mittelwerten der Parameter bestehen.

Interesse vs. Überraschung

Bei einem Vergleich des Bewegungsverhaltens zwischen diesen
beiden Emotionen ergaben sich folgende signifikante Mittelwertunterschiede:

Emotion / Parameter	Interesse	Überraschung	Signifikanz-niveau
Time spend in motion (TSM)	52,50	22,20	0,01
Complexity of body movement (CBM)	2,38	0,46	0,05*
Complexity of activity phases (CAP)	4,34	2,12	0,05
Duration of rest-period (R-Per.)	1,54	3,25	0,03

*hier konnte nur für den einseitigen t-Test eine signifikan-
te Differenz ermittelt werden.

Die Tabelle belegt signifikante Unterschiede in der Gestik
bei diesen beiden Emotionen. Das Ergebnis entspricht dem
optischen Eindruck, der aus der Grafik zur Bewegungsaktivität bereits gewonnen wurde.

Interesse vs. Freude

Die beobachtbaren Unterschiede in der Gestik bei diesen
Emotionen sind weniger stark ausgeprägt. Von den zehn analysierten Parametern ergibt sich nur beim "Drift-Wert" ein
signifikanter Unterschied, d.h., daß das Ausmaß der in Abhängigkeit von der Zeit betrachteten Variationsgeschwindig-
keit der Bewegungsaktivität unterschiedlich ist. Der mittlere "Drift-Wert" beträgt bei Interesse 8,01 im Vergleich zu
-30,79 bei Freude (p = 0,05). Dies deutet darauf hin, daß
bei Interesse die Anzahl der beteiligten Dimensionen mit
mäßiger Geschwindigkeit zunahm, während sie sich bei Freude
schnell verringerten.

Überraschung vs. Freude

Der t-Test erbringt keine signifikanten Unterschiede bei den
Analyse-Parametern. Bereits die grafische Analyse hatte
gezeigt, daß beide Emotionen von intensiven Bewegungen begleitet werden.

Zusammenfassung und Wertung

Die Ergebnisse zeigen, daß insbesondere die Emotionen "Interesse" und "Überraschung" von bemerkenswerten Bewegungen
begleitet werden. Als wesentliches Differenzierungskriterium
läßt sich die Mobilität des Bewegungsverhaltens anführen.
Während Interesse von einer hohen Bewegungsmobilität begleitet wird, zeichnet sich die Überraschungssituation durch
wenige Positionsänderungen des Körpers aus.

Das Berner System weist zur Erfassung der Körpersprache von Konsumenten mehrere Vorteile auf:

- Es liefert der Marktforschung ein sensibles und differenziertes Notationssystem für Körperbewegungen.

- Man erkennt, ob und welche Körperbewegungen für einzelne Emotionen typisch sind.

- Durch Verknüpfung der mittels FACS analysierten Mimik mit den mittels des Berner Systems erfaßten Körperbewegungen erhält man eine umfassende Beschreibung der nonverbalen Kommunikation.

Allerdings ist das Verfahren für die praktische Marktforschung nur dann einsetzbar, wenn Körperbewegungen gefilmt werden. Unproblematisch sind in Anbetracht der Reife des Berner Systems die kurze Einarbeitungszeit und die computergestützte Auswertung. Als Instrument der Konsumentenforschung im Labor kann es vor allem helfen, valide und zuverlässige Erkenntnisse über die Körpersprache von Konsumenten zu erhalten.

3.   Kommunikation beim Verkauf

3.1   Der Verkaufsvorgang als ein sozialer Prozeß

3.1.1   Aktivierungstheoretische Grundlagen

Unter Aktivierung wird die innere Spannung oder Erregung des Organismus' verstanden. Sie entsteht im Stammhirn des Menschen (vgl. Kroeber-Riel, 1984, S. 53 f.).

Je stärker Umweltreize den Menschen aktivieren, desto größer ist seine Leistungsfähigkeit und Reaktionsbereitschaft. Ab einem "Schwellenwert" der Aktivierungsstärke nimmt die Leistung wieder ab. Idealtypisch läßt sich der Zusammenhang zwischen Aktivierung und Leistung folgendermaßen veranschaulichen (vgl. Meldman, 1970, S. 81):

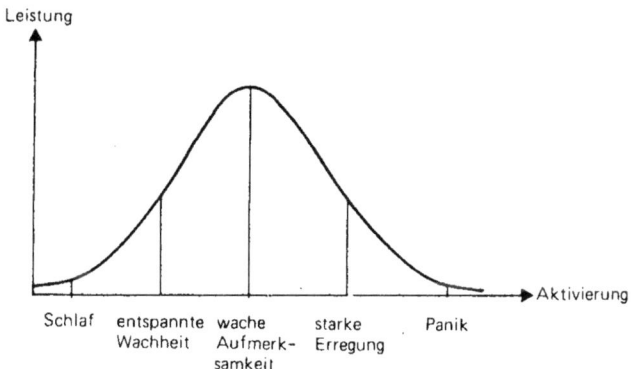

Empirische Untersuchungen haben insbesondere den Zusammenhang zwischen zunehmender Leistung und zunehmender Aktivierung (linke Hälfte des obigen Kurvenverlaufs) bestätigt, was auch für die Konsumentenforschung relevant ist. Während in der Werbung die Erkenntnisse der Aktivierungstheorie mehr oder weniger bewußt eingesetzt werden, fehlt es an Versuchen, Käufer-Verkäufer-Beziehungen aktivierungstheoretisch

zu erklären und zu steuern. Dabei geht es auf beiden Ebenen
darum, die Teilnehmer an der Kommunikation so zu beeinflussen, daß sie die dargebotenen Informationen positiv bewerten
und gedanklich in der gewünschten Intensität und Weise verarbeiten.

Folgt man dieser Sichtweise, so lassen sich einige von
Kroeber-Riel (1984, S. 95-96) formulierte Grundsätze für die
werbliche Kommunikation in Hypothesen für Interaktionen beim
Verkauf transformieren:

- Die Aktivierung der Käufer ist eine notwenige Vorausset-
  zung für den Verkaufserfolg.

- Je höher die erzielte Aktivierung ist, umso effizienter
  werden Kommunikationsinhalte verarbeitet. Dabei darf keine
  Reaktanz ausgelöst bzw. Überaktivierung angestrebt werden.

- Zur Aktivierung der Kunden stehen Reize mit primär physi-
  scher, emotionaler und kognitiver Wirkung zur Verfügung.

- Die tonische (länger anhaltende) Aktivierung sollte dem
  gesamten Interaktionsprozeß zugrunde gelegt werden, also
  von der Gesprächseröffnung bis zum Kaufabschluß. Phasische
  (kurze) Aktivierungsschübe empfehlen sich dann, wenn besondere kognitive Leistungen erforderlich sind.

Zwischen dem Aktivierungskonzept und der nonverbalen Kommunikation bestehen wechselseitige Beziehungen. Zum einen
können aktivierende Reize durch Mimik, Gestik und Objekte in
ihrer Wirksamkeit unterstützt bzw. durch sie selbst ausgelöst werden. Man denke an das "werbewirksame" Lächeln des
Verkäufers, an gesprächsbegleitende Gesten und an eine Klei-

dung, die dem Status des Verkäufers und der Verkaufssituation angemessen ist. Es gibt also eine Vielzahl von Möglichkeiten, die Aktivierung nonverbal zu beeinflussen.

Zum anderen kann die ausgelöste Aktivierung nonverbal erfaßt
und kontrolliert werden. Die Messung physiologischer Indikatoren der Aktivierung und die Erfragung der emotionalen
Befindlichkeit scheiden in der Kaufsituation ohnehin aus, so
daß ein erfolgreicher Verkäufer darauf angewiesen ist, die
Gesichts- und Körpersprache seines Gesprächspartners genau
zu beobachten und zu interpretieren. Sein Ziel wird es sein,
ein mittleres Erregungsniveau anzustreben, bei dem der Partner zwar gelöst ist, jedoch aufmerksam zuhört und den Argumenten folgt.

Emotionen wie Langeweile deuten auf eine Unteraktivierung,
Ärger oder Angst dagegen auf eine Überaktivierung. Der Verkäufer muß dann versuchen, das Erregungsniveau auf- bzw.
abzubauen. Eine optimale Erregung wird von Emotionen wie
Interesse, Freude und entspannte Aufmerksamkeit signalisiert. Die Aktivierung des Käufers kann auch aus seiner
verbalen Charakterisierung des Verkäufers (z.B. sympathisch,
langweilig usw.) erschlossen werden.

3.1.2 Interaktionstheoretische Erklärungsansätze

Interaktionstheorien liefern Erklärungsansätze für soziales
Verhalten auf der Grundlage lerntheoretischer Gesetzmäßig-
keiten. Dabei geht es um die Formulierung von Stimulus-
Reaktionsbeziehungen dergestalt, daß Aktivitäten von Individuen durch ihre Konsequenzen gesteuert werden.

Zu den zentralen Begriffen der Interaktionstheorie zählen
Belohnung, Bestrafung und Motivierung. Der Wert einer Belohnung ist umso größer, je besser Motive befriedigt werden
(Motivreduktion) und je stärker sie sind. Bestrafung läßt
sich umgekehrt zur Belohnung definieren, und das Ausbleiben
einer Belohnung kann als Bestrafung empfunden werden.

Es gibt zahlreiche Versuche, die Kommunikation zwischen
Verkäufer und Konsument interaktionstheoretisch zu interpretieren. Einer der ersten Versuche stammt von Schoch, der in
Anlehnung an Homans (1968) folgende Hypothese formulierte
(1969, S. 135):

Die Wahrscheinlichkeit, daß ein potentieller Käufer die
Interaktion mit einem Verkäufer aufnimmt und bis zu einem
Kaufabschluß fortsetzt, ist größer, wenn diese Interaktion
ihm als ausreichend empfundene Gratifikationen einbringt.

Dabei hängen die "Gratifikationen", die der Käufer erhält,
auch vom nonverbalen Verhalten des Verkäufers ab (vgl. Kroeber-Riel, 1984, S. 538). Sie unterstützen also den positiven
Ausgang der Verkaufsverhandlung.

Malewski (1967, S. 56 f.) formuliert mehrere Aussagen über
die Wahrscheinlichkeit des Auftretens von Reaktionen. Dabei
versucht er, Erklärungen für die Änderung von Verhaltens-
wahrscheinlichkeiten anzugeben. Dieser Ansatz weist also ein
Meßkonzept auf und läßt sich auf Käufer-Verkäufer-Beziehungen übertragen. Zu seinen zentralen Hypothesen gehören:

- Die Wahrscheinlichkeit des Auftretens einer Reaktion
  wächst mit der Zunahme des Wertes, der Häufigkeit und der

Regelmäßigkeit der infolge einer derartigen Reaktion er-
haltenen Belohnungen.

- Je später bzw. unregelmäßiger belohnt wird, umso unwirksa-
  mer ist eine Belohnung.

- Wird eine bestimmte Reaktion bei einem bestimmten Reizkom-
  plex belohnt, so erhöht sich die Wahrscheinlichkeit, daß
  diese Reaktion auch bei ähnlichen Reizkomplexen auftritt.

Für die verbale und nonverbale Kommunikation zwischen Verkäufer und Käufer liefern diese Hypothesen mehrere Anregungen:

- Das Verkaufsgespräch hat Belohnungscharakter, leistet
  damit einen Beitrag zur Zufriedenheit der Käufer und zur
  Stabilität der Verkaufsbeziehungen.

- Verkaufsgespräche folgen sozialtechnischen Regeln. Verstöße dagegen, z.B. durch ungeschickte Verhandlungsfüh-
  rung, beeinträchtigen die Belohnung des Käufers und reduzieren die Wahrscheinlichkeit eines erfolgreichen Kaufab-
  schlusses.

- Das Generalisierungsprinzip der Lerntheorie, das in der
  letztgenannten Hypothese von Malewski zum Ausdruck kommt,
  hebt auf die Ähnlichkeit erfolgversprechender Stimulibün-
  del ab. Ein erfolgreicher Verkäufer wird aus Erfahrung
  wissen, welche verbalen und nonverbalen Elemente seiner
  Verkaufsstrategie bei jeder Interaktion unentbehrlich
  sind, um dem Käufer bewährte Einkaufserlebnisse zu vermitteln.

Fischer (1982) entwickelte analog zum Phasenkonzept bei
Kaufentscheidungen ein Rollenkonzept für Verkäufer, bei dem
nach den in einzelnen Teilphasen auftretenden Konflikten
differenziert wird. So unterscheidet er zwischen:

1. Absichtskonflikt
2. Auswahlkonflikt
3. Abschlußkonflikt

Zu 1. Absichtskonflikt:

In dieser Phase steht der Verkäufer einem noch unsicheren
Käufer gegenüber, der noch nicht genau weiß, ob und was er
kaufen will. Deshalb ist er zu Beginn des Verhandlungspro-
zesses bemüht, die Unverbindlichkeit des Verkaufsgespräches
zu betonen und zu erhalten. Der Verkäufer muß in dieser
Phase versuchen, verbal und nonverbal die Sympathie, das
Vertrauen und vor allem das Interesse des Kunden aufzubauen
und ihm bei der Informationssuche helfen. Es geht also nicht
um die Angebotspräsentation, sondern um Anregung, Beratung
und Motivierung.

Zu 2. Auswahlkonflikt:

Sind die Wünsche und Interessen des Verhandlungspartners
präzisiert worden, kann ein Angebot offeriert werden. Während die Lösung des Absichtskonfliktes verstärkt auf emotionaler Ebene erfolgt, geht es beim Auswahlkonflikt vor allem
um das Abwägen von Argumenten zur Produktbeurteilung.

Zu 3. Abschlußkonflikt

Der Abschlußkonflikt ist bekanntlich der schwierigste, weshalb die beiden vorherigen Konflikte restlos ausgeräumt sein
müssen. Der "Stolperstein des Entschlusses" hängt von persönlichen, produkt- und situationsspezifischen Faktoren ab.
Sind die beiden letztgenannten Faktoren in den vorherigen
Konfliktphasen geklärt worden, kann man versuchen, das subjektiv empfundene Entscheidungsrisiko durch besondere Angebote zu reduzieren (z.B. Garantien, Rückgaberecht, Probekauf
usw.).

Die Gewichtung dieser Konflikte wird im Einzelfall variie-
ren. Erkennt der Verkäufer den spezifischen "Schlüsselkon-
flikt", so muß er versuchen, seine verbale und nonverbale
Verkaufsstrategie darauf besonders auszurichten.

3.1.3 Theorien der beeinflussenden Kommunikation

Analog zur Blickweise in der Werbung kann der Verkäufer als
Kommunikator gelten, dessen Ziel es ist, den Konsumenten zu
einem Kauf zu bewegen. Der Beeinflussungsprozeß läßt sich in
mehrere Stufen zerlegen, z.B. nach Kroeber-Riel (1984, S.
538) in:

- Aufmerksamkeit auslösen
- Kontakt mit dem Kunden herstellen
- Ansprache der Motive des potentiellen Käufers
- Herausarbeitung des Produktangebotes zur Motivbefriedigung
- Überzeugung des Kunden vom Produktangebot
- Herbeiführen des Kaufentschlusses

In welche Stufen der Kommunikationsprozeß zwischen Käufer und Verkäufer auch zerlegt wird, auf jeder Stufe kann die nonverbale Kommunikation eine besondere Funktion übernehmen. Bonoma und Felder (1977) unterscheiden zwischen "amplifier phenomenon, unintentional display und consistency phenomenon".

Im ersten Falle geht es um die Unterstützung der verbalen durch die nonverbale Kommunikation, sei es im bestärkenden oder modifizierenden Sinne. Sie dient dann der eindeutigen Dekodierung der persönlichen Ansprache, vor allem hinsichtlich der emotionalen Komponente.

Im zweiten Falle wird die Validierungsfunktion der nonverbalen Kommunikation angesprochen. Nonverbale Reaktionen werden in der Regel als gültigere Indikatoren für die emotionale Befindlichkeit angesehen als verbale Bekundungen. Dabei kann zwischen Zeichen- und Objektsprache sowie Handlungen unterschieden werden, die affektive Zustände und Präferenzen ausdrücken.

Im dritten Falle wird das Verhältnis zwischen verbaler und nonverbaler Kommunikation näher charakterisiert, z.B. die Aufrichtigkeit einer Information, intrapersonale Konflikte oder die Dominanz eines der beiden Kommunikationsarten. Die wahrgenommene Konsistenz zwischen verbaler und nonverbaler Ansprache differiert auch geschlechtsspezifisch.

Im Rahmen der beeinflussenden Kommunikation zwischen Verkäufer und Käufer können nonverbale Signale auf kognitive Prozesse einwirken. Nach Mehrabian (1972) wird ein Interaktionsprozeß zu 7% verbal, zu 38% vokal und zu 55% mimisch

beeinflußt. Das nonverbale Verhalten (insb. Blickkontakte,
Kopfbewegungen und Körperhaltungen) erlauben vor allem Attributionen auf die Einstellung und den Status des Kommunikationspartners. Nonverbale Signale regulieren, modifizieren
und unterstützen also Beeinflussungsversuche im Rahmen der
Kommunikation.

Sheth (1979) unterscheidet zwischen zwei Einflußgrößen auf
den Erfolg einer Kommunikation: Inhalt und Stil. Je größer
die Diskrepanzen in den Erwartungen der beiden Partner sind,
desto geringer ist die Erfolgswahrscheinlichkeit für den
beabsichtigten Verkaufsabschluß. So wird es darauf ankommen,
nicht nur eine übereinstimmende Produktbeurteilung zu finden
(Inhalt der Kommunikation), sondern sich auch auf eine In-
teraktionsart (Stil der Kommunikation) zu einigen. Ein erfolgreicher Verkäufer wird versuchen, den Erwartungen seines
Partners hinsichtlich Inhalt und Stil der Kommunikation im
Rahmen der Beeinflussungsstrategie möglichst entgegenzukom-
men.

Im Rahmen der beeinflussenden Kommunikation hat sich eine
Sozialtechnik besonders bewährt: Die Strategie der zweiseitigen Argumentation. Das Steuerungspotential dieser Beeinflussungsstrategie (neben Vorteilen werden auch kritisier-
bare Aspekte des Angebotes behandelt) wird kaum durchschaut
und wirkt deshalb quasi automatisch. Es wird ein Gefühl der
Meinungs- und Verhaltensfreiheit vermittelt (Vermeidung von
Reaktanz), die Glaubwürdigkeit der Kommunikation wird
erhöht, und es erfolgt eine "Impfung" gegen konkurrierende
Angebote oder kritische Einwände von dritter Seite. Beispiele aus der Werbung belegen die Wirksamkeit dieser Kommunikationsstrategie (vgl. Kroeber-Riel und Meyer-Hentschel,
1982, S. 175 f.).

3.1.4 Klassifikation kommunikativer Signale

Kommunikative Signale im Verkaufsgespräch lassen sich in
mehrfacher Weise gliedern. Eine Möglichkeit besteht darin,
die zur Kommunikation benutzten Rezeptionsorgane zu wählen:

- visuell
- auditiv
- olfaktorisch
- taktil
- thermal
- gustatorisch

Darauf wurde bereits verwiesen. Zweckmäßiger ist eine Gliederung nach den an der Interaktion zwischen Verkäufer und
Käufer beteiligten kommunikativen Ausdrucksformen. Danach
kann man zunächst zwischen verbalen und nonverbalen Signalen
unterscheiden und dann weiter differenzieren. Diese Gliederung korrespondiert auch mit den Ergebnissen der Hemisphä-
renforschung, wonach bei Rechtshändern in der linken Gehirnhälfte sprachlich-numerische Informationen verarbeitet werden, wohingegen in der rechten Gehirnhälfte bildliche Prozesse ablaufen.

Die folgende Klassifikation kommunikativer Ausdrucksformen
orientiert sich an Schukart (1985, S. 19):

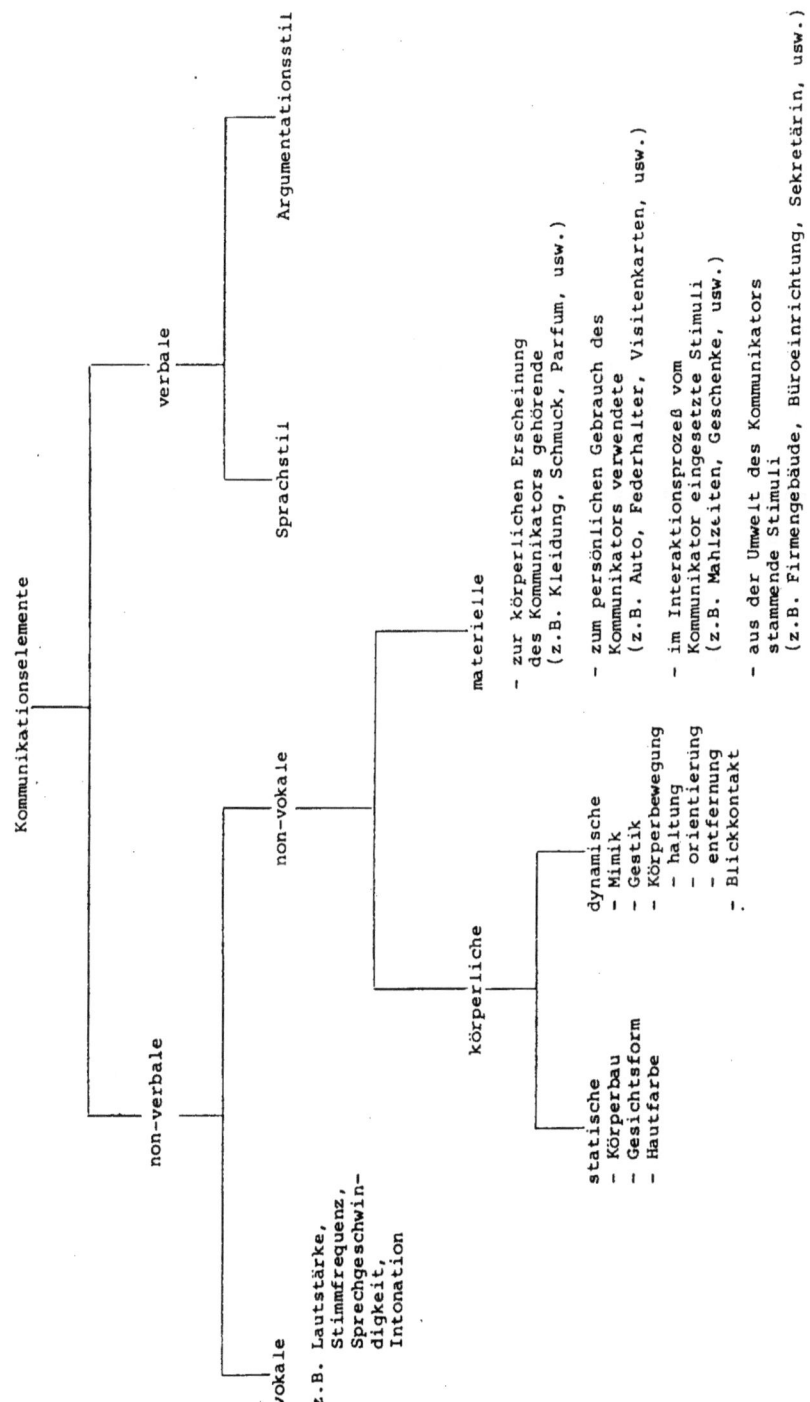

3.2   Verbale Kommunikation beim Verkauf

3.2.1 Steuerung durch Sprache und Argumentation

Das nonverbale Verhalten (Gesichts- und Körpersprache) und
die Kommunikation mittels Gegenständen (Objekt-Kommunika-
tion) beeinflussen den verbalen Informationsfluß. Die
meisten Menschen empfinden außerdem enge Beziehungen
zwischen Worten und Inhalten. So kann die Sprache im Verkaufsgespräch wie eine "Waffe" zur Meinungsbeeinflussung
dienen. Ansatzpunkte dazu sind (vgl. Kroeber-Riel und Meyer-
Hentschel, 1982, S. 157 f.):

- Sprachrealismus:
  Nutzung der Neigung vieler Menschen, von Worten auf Sachverhalte zu schließen (z.B. durch Substantivtechnik).

- Automatische Assoziation:
  Benutzung emotional wirkender Sprachelemente zur unbewuß-
  ten Auslösung sachbezogener und gefühlsmäßiger Vorstellungen.

- Bewertungsautomatik:
  Sprachlich verkleidete Wertungen (z.B. politische Sprache)
  können wie Sachaussagen aufgefaßt werden.

- Doppelspeicherung:
  Je bildhafter Worte sind, umso besser werden sie erinnert.

Zur emotionalen Beeinflussung durch die Sprache kann man
außerdem empfehlen:

- Nutzung häufiger und konkreter Wörter der Muttersprache.
- Negative und passive Formulierungen meiden.

- Benennung mit wohlklingenden, exklusiven Wörtern.
- Verwendung aufwertender Appellative und Superlative.

Auch humorvolle Äußerungen verfehlen nicht ihre Wirkung im Verkaufsgespräch. Mayer, Däumer und Rühle (1982, S. 151) fassen folgende Erfahrungen zusammen:

- Humorvolle Botschaften erzeugen Aufmerksamkeit, können das Verständis aber negativ beeinflussen.

- Humor fördert die Glaubwürdigkeit des Senders.

- Eine Kommunikation mit humorvollem Kontext wird häufig besonders effektiv ablaufen.

Auch die Argumentation kann so aufgebaut werden, daß ihre Wirkung nur schwer durchschaubar ist. Das gilt vor allem für die zweiseitige Argumentation, worauf bereits eingegangen wurde. Wichtig ist es also auch, so zu argumentieren, daß dem Gesprächspartner ein abgerundetes Kommunikationserlebnis und soziale Anerkennung vermittelt werden.

Das Kommunikationserlebnis (nicht Kommunikationsergebnis) hängt vor allem von der Klarheit und Vollständigkeit der Argumentation ab. Unvollständige bzw. unklare Botschaften verunsichern den Gesprächspartner, was zu Fehlinterpretatio-nen und auch zur Verärgerung führen kann. Soziale Aner-kennung vermittelt man durch Lob und Bestätigungen. Auch wenn der Partner zu gegensätzlichen Schlußfolgerungen kommt, müssen der Wert und die Berechtigung seiner Ansichten und Überzeugungen anerkannt werden. Deshalb unterscheidet das Harvard-Konzept erfolgreichen Verhandelns (vgl. Fisher und

Ury, 1984, S. 84 f.) zwischen Härte in der Sache und Weichheit im Argumentationsstil.

3.2.2 Gestaltung von Verkaufsgesprächen

Die Zahl der Empfehlungen von Praktikern für die optimale
Gestaltung von Verkaufsgesprächen mutet als uferlos an. Es
mag an der Problemstellung selbst liegen, daß wissenschaftliche Befunde nur selten zu finden sind. Die folgenden
Ausführungen stützen sich im wesentlichen auf Erfahrungen
der "Geilich-Schule" in der Schweiz, über die u.a. auch
Franke (1978) berichtet.

Konsumenten kaufen bekanntlich keine Waren oder Dienstleistungen an sich, sondern deren Nutzen. Es kommt im Verkaufsgespräch also darauf an, Vorstellungen, Ideen, Vorteile usw.
der Waren oder Dienstleistungen zu verkaufen, die der Bedürfnisbefriedigung dienen. Dazu empfiehlt es sich, Verkaufsgespräche einzuteilen in:

1. Eröffnungsphase
2. Angebotsphase
3. Abschlußphase

Zu 1. Eröffnungsphase

Zu Beginn eines Verkaufsgespräches wird es darauf ankommen,
den Kunden in eine Stimmungslage zu versetzen, die ihn
ermuntert, das Verkaufsgespräch aufzubauen. Positive Verstärker (z.B. Lob, Kompliment, Dank) erleichtern dem Verkäufer die Gesprächsführung in diesem Sinne.

Wichtigste Aufgabe des Verkäufers ist in dieser Phase das
aktive Zuhören. Darunter versteht man die Strategie,
wichtige Informationen des Gesprächspartners zu bestätigen
und zusammenzufassen. Der potentielle Käufer fühlt sich dann
vom Verkäufer verstanden, anerkannt und ermuntert, den Interaktionsprozeß fortzusetzen.

Da viele Kunden erst während des Verkaufsgespräches ihre
Wünsche konkretisieren (Absichtskonflikt), bedürfen sie häufig einer Hilfestellung durch den Verkäufer. Bewährt hat
sich dazu für den Verkäufer, Schlußfolgerungen aus der bisherigen Kommunikation zu ziehen, um einen konkreten Bedarf
zu formulieren (z.B. das bedeutet für Sie ..., dann haben
Sie ...).

Zu 2. Angebotsphase

In der Angebotsphase kommt es darauf an, dem Kunden die
verkaufsrelevanten Informationen zu vermitteln. Dabei auftretenden Auswahlkonflikten kann man auf emotionaler und
kognitiver Ebene begegnen.

Bekannt ist, daß Wortwiederholungen helfen, Argumente zu
gewichten. Fragen des Kunden können genutzt werden, soziale
Anerkennung zu vermitteln, indem zunächst die Wichtigkeit
bzw. Bedeutung der gestellten Frage betont wird. Überle-
gungen des Gesprächspartners sollten nicht nur durch Informationen gelenkt werden, sondern auch durch Schlußfolgerungen zusammengefaßt und vom Kunden bestätigt werden. So erreicht man häufig eine meist unbemerkte Übereinstimmung in
der Angebotsbeurteilung.

Ein besonders bewährtes Instrument ist die sogenannte Hebel-technik, bei der es darum geht, Kommunikationswiderstände psychologisch zu überwinden. Derartige Widerstände werden meist an Faktoren wie fiktivem Zeitmangel, Marken- und Lie-ferantentreue, zu hohem Preis, Interesse- und Zeitmangel festgemacht. Dazu zwei Beispiele:

Hebeltechnik bei Zeitmangel: "Nehmen Sie einmal an, Sie hätten Zeit, dann würden Sie 5 oder 3 Minuten verwenden, um diese Informationen zu prüfen, wie es Ihr Grundsatz ist." Erfahrungen zeigen, daß vorgeschobener Zeitmangel so über-wunden werden kann; der Kunde beginnt meist, im Verkaufsge-spräch zu "sprudeln".

Hebeltechnik bei "zu teuer": Hierbei empfiehlt es sich, durch Rückfragen beim Kunden den Preiseindruck zu relativie-ren. Diese psychologische Preisreduktion wird dadurch er-reicht, daß die Bezugsgrößen der Preisbeurteilung (z.B. Konkurrenzangebote, Zusatznutzen des Produktes usw.) verän-dert werden.

Zu 3. Abschlußphase:

Die Abschlußphase wird eingeleitet, wenn der Partner verbale und nonverbale Abschlußsignale erkennen läßt. Man merkt sie meist an Fragen, die den Kaufabschluß betreffen (z.B. Lie-ferfristen, Garantiebedingungen, Transportmöglichkeiten) und an der körperlichen Hinwendung zum Produkt (z.B. Näher-treten, Produktprüfung, Kaufunterlagen ergreifen). Wichtig ist es für den Verkäufer, derartige Kaufabschlußsignale nicht durch erneute Argumentation abzuschwächen.

Für die Behandlung des nun möglicherweise auftretenden Abschlußkonfliktes gibt es mehrere bewährte Rezepte. Der Kunde wird in seiner Entscheidung bestärkt, wenn der Verkäufer im Gespräch erarbeitete und übereinstimmende Ansichten in Frageform so wiederholt, daß der Käufer darauf mehrmals <u>bejahend</u> antworten muß. Die Entscheidung wird auch erleichtert, wenn für den Kaufabschluß zwei <u>alternative Lösungen</u> so angeboten werden, daß eine Ablehnung des Angebotes nicht als eine dritte Alternative zur Diskussion steht. In manchen Fällen wird es die Entscheidung beschleunigen, wenn man mit Hinweis auf das Kaufverhalten relevanter Bezugsgruppen die <u>soziale Motivation</u> anspricht.

Bereitet die Lösung des Abschlußkonfliktes größere Schwierigkeit, kann erneut zur <u>Hebeltechnik</u> gegriffen werden, z.B. dann, wenn die Kaufentscheidung verzögert oder verschoben werden soll. In solchen Fällen empfiehlt es sich, Informationsdefizite aufzuspüren und auszuräumen. Auf jeden Fall sollten "warum"-Fragen vermieden werden, da sie dazu auffordern, erste ablehnende Haltungen gedanklich zu vertiefen. Auch die <u>zweiseitige Argumentation</u> kann helfen, Abschlußkonflikte zu lösen.

In <u>allen</u> Verkaufsphasen ist es wichtig, Ruhe und Sicherheit auszustrahlen. Informationen werden nur von den Gesprächspartnern aufgenommen, die hinreichend <u>aktiviert</u> sind. Man darf aber auch nicht versuchen, gegen starke Erregungen zu argumentieren, sondern sollte helfen, sie zunächst abzubauen.

Es empfiehlt sich, explizite <u>Schlußfolgerungen</u> zu ziehen und wichtige Argumente an den Anfang und an das Ende des Verkaufsgespräches zu legen.

3.2.3 Störfaktoren in der Kommunikation

Nach Nirenberg (1980, S. 7 f.) unterliegt die persönliche
Kommunikation mehreren Störfaktoren.

Besonders auffallend ist, daß schriftliche und mündliche
Botschaften sehr häufig mit Informationen überladen werden.
Dabei ist bekannt, daß die Informationsaufnahme und -verar-
beitungskapazität des Individuums ziemlich begrenzt sind.

In Kommunikationsprozessen führt diese Diskrepanz häufig
dazu, daß der Gesprächspartner bald nicht mehr in der Lage
ist, die ihn überflutenden Informationen zu ordnen und zu
verarbeiten. Die Folgen sind "geistiges Ausblenden" und
Unzufriedenheit mit der Kommunikationssituation.

Der Gesprächspartner sollte dann versuchen, die bereits beschriebene Strategie des aktiven Zuhörens einzusetzen. Dadurch wird der monologisierende Gesprächspartner unterbro-
chen, sozial belohnt und aufgefordert, seine Ausführungen
zusammenzufassen.

Umstritten ist, ob die Informationsübermittlung induktiv
oder deduktiv erfolgen soll, d.h., ob der Zuhörer nur Ein-
zelinformationen erhält und selbst ein zusammenfassendes
Fazit ziehen soll oder ob ihm ein kognitives Raster vorab
zur Einordnung der folgenden Informationen mitgegeben werden
soll. Meist wird die deduktive Methode empfohlen, da sie der
Gefahr begegnet, falsche Schlüsse zu ziehen und Mißverständ-
nissen zu erliegen. Dazu tragen auch explizite Schlußfolge-

rungen bei, im Gegensatz zu impliziten Schlußfolgerungen, die der Empfänger selbst ziehen muß.

Die selektive Wahrnehmung von Informationen infolge von Prädispositionen kann ebenfalls die Kommunikation beeinträchtigen. Deshalb muß ein Verkäufer nicht von eigenen Ansichten bzw. Befürchtungen ausgehen, sondern versuchen, sich in die Rolle des Käufers zu versetzen und aus dessen Interessenlage zu argumentieren.

Erregte Gesprächspartner, deren Aktivierung auch nonverbal signalisiert wird (z.B. durch Atem und Gesichtsfarbe, Hand- und Fußbewegungen), unterliegen einer gedanklichen Blockade. Dann ist es sinnlos, mit Argumenten gegen Gefühle anzukämpfen. Eine bewährte Strategie ist es, den Gegner dabei zu unterstützen, seine Emotionen abzubauen. Darauf wurde bereits verwiesen. Sobald ein mittlerer Aktivierungsgrad erreicht ist, kann man versuchen, das Verkaufsgespräch erneut in Gang zu setzen. Erst dann empfiehlt es sich, die erst- und letztgenannten Argumente im Sinne eines modifizierten "Law of Primacy" (vgl. Stroebe, 1980, S. 315 f.) zu wiederholen, vor allem dann, wenn die Kommunikation zwischen Verkäufer und Käufer zu einem erfolgreichen Abschluß führen soll. Das nonverbale Verhalten und die Kommunikation mittels Gegenständen unterstützen auch dabei die verbale Beeinflussung.

3.3 Nonverbale Kommunikation beim Verkauf
3.3.1 Kommunikation mittels Blick und Stimme

Das Sprichwort "Der Ton macht die Musik" besagt, daß Emotionen nicht nur mit Worten, sondern auch durch Klang, Betonung und Volumen der Stimme ausgedrückt werden können. Untersuchungen belegen, daß nonverbale, vokale Kommunikationssignale interkulturell vergleichbar und ohne verbale Verständigungsmöglichkeiten weitgehend dekodierbar sind (vgl. Scherer, 1982, S. 28 f.).

Besonders die Stimmhöhe eignet sich dazu, Gespräche zu akzentuieren (z.B. Betonung, Feststellung, Frage) und Emotionen zu unterstreichen. Ein besonderer Vorteil ist hierbei die Möglichkeit, mit der Stimme ein breites Kontinuum an Stufungen und Schattierungen der Höhenfrequenzen ausschöpfen zu können. Mahl und Schulze (1982, S.104) differenzieren das Stimmverhalten folgendermaßen:

- Stimmqualität: Stimmhöhe, Resonanz, Tempo, Artikulation
- Vokalisation:
  1. "Vocal characterizers": Lachen, Weinen, Seufzen, Gähnen
  2. "Vocal qualifiers": Intensität (laut - leise), Stimmhöhe (hoch - tief), Dehnung (verschliffen, abgehackt)
  3. "Vocal segregates": Laute, Mundgeräusche, Pausen

Vor allem hat man untersucht, inwieweit Persönlichkeitsattributionen durch die Stimme ausgelöst werden. Scherer (1982, S. 188 ff.) berichtet von einer in USA durchgeführten Untersuchung, in der inhaltsmaskierte Sprachsignale 24 männlicher Versuchspersonen von neun "naiven" Beurteilern hinsichtlich fünf Persönlichkeitseigenschaften interpretiert wurden. Die einzelnen Stimmen wurden in neun Stimmqualitätsperzepte differenziert. Die folgende Korrelationsmatrix gibt die Beziehungen zwischen den neun Stimmqualitätsperzepten und den fünf untersuchten Persönlichkeitseigenschaften wieder (vgl. Scherer, 1982, S. 198):

	Gewissen-haftigkeit	Emotionale Stabilität	Extraversion	Durchsetzungs-tendenz	Liebens-würdigkeit
Resonanz	$-.44^*$	$-.69^+_+$	$-.07$	$-.09$	$-.28$
Hauchen	$-.36$	$-.01$	$-.34$	$-.48^*$	$-.34$
Dunkelheit	$-.22$	$-.10$	$-.55+$	$-.48^*$	$-.70^+_+$
Dünnheit	$-.21$	$-.63+$	$-.11$	$-.20$	$-.56+$
Lautstärke	$-.09$	$-.28$	$-.28$	$-.30$	$-.02$
Schärfe	$-.17$	$-.47^*$	$-.40$	$-.50$	$-.78^+_+$
Wärme	$-.48^*$	$-.75^+_+$	$-.08$	$-.02$	$-.29$
Rauheit	$-.58+$	$-.25$	$-.12$	$-.04$	$-.12$
Hohe Stimme	$-.23$	$-.61^*$	$-.29$	$-.39$	$-.67^+_+$

N= 24; $^*p{<}0.05$; $+p{<}0.01$; $^+_+p{<}0.001$; zweiseitig getestet

Für Verkaufsgespräche besonders interessant ist, daß die
Attribution zu "Liebenswürdigkeit" positiv mit der Dunkel-
heit, dagegen negativ mit der Dünnheit, Schärfe und Höhe der
Stimme korreliert. Gewissenhaftigkeit korreliert besonders
mit der Stimmresonanz, Durchsetzungstendenzen mit der Schärfe der Stimme.

Auch das Sprechtempo beeinflußt die Persönlichkeitswahrneh-
mung. Eine Erhöhung des Sprechtempos hat oft zur Folge, daß
die zugeschriebene Kompetenz ansteigt, wohingegen der Sprecher weniger als freundlich, liebenswert, höflich etc.
empfunden wird (vgl. Brown, 1982, S. 216).

Schukart (1985, S. 33) folgert daraus, daß sich für die
Eröffnungsphase eines Verkaufsgespräches ein normales

Sprechtempo empfiehlt, um einen möglichst höflichen und zuvorkommenden Eindruck zu erwecken. In der Angebotsphase wird es darauf ankommen, Sachkompetenz nachzuweisen, wozu die Stimme mittels dosierter Schärfe und dosiertem Tempo beitragen kann. Allerdings kann man bei expliziten Hinweisen auf schwierige Sachverhalte auch das Sprechtempo senken, ohne Kompetenzeinbußen hinnehmen zu müssen.

Bereits in älteren Studien wurde untersucht, welche Gefühlskategorien durch die Stimme ausgedrückt werden können. So berichtet Svenson (1973, S. 109) über folgende, empirisch gewonnene Faktoren:

- Stimme als Ausdruck der Gemütslage (z.B. Freude - Schmerz)
- Stimme als Ausdruck sozialer Kontrolle (z.B. stabil - wechselhaft)
- Stimme als Indikator für Aktivität (z.B. schnell - langsam, aktiv - passiv)

Sprechtempo und Stimmvolumen beeinflussen auch die Aktivierung des Gesprächspartners. Nach dem Motto "Lebendiges Sprechen schafft Kontakt und Aufmerksamkeit" sollte eine gleichbleibende Sprache vermieden werden, um nicht als ausdruckslos zu erscheinen und damit wenig aktivierend zu wirken (vgl. Kroeber-Riel, 1984, S. 542).

Unter "Blickkontakt" versteht man das gegenseitige Anblicken der Interaktionspartner. Dieses interaktive Ereignis beeinflußt die verbale Kommunikation nachhaltig sowie vielschichtig und übt mehrere Funktionen aus (vgl. zusammenfassend Scherer und Wallbott, 1979, S. 62 f.):

So zeigen Kinder mehr Blickkontakt als Jugendliche, und Frauen blicken den Gesprächspartner häufiger an als Männer. Extrovertierte Personen schauen andere länger und häufiger an als introvertierte.

Der Blickkontakt ruht, je schwieriger, intimer und emotionalisierter die Interaktion abläuft. Sympathie und Status beeinflussen den Blickkontakt ebenfalls positiv, d.h. man blickt Personen eher an, die man mag, und man schaut statushöheren Personen eher in die Augen als solchen, die einen niedrigeren Status aufweisen.

Auch die <u>Sprechpausen</u> werden vom Blickkontakt beeinflußt, indem sie mit Zunahme der Fixierung sinken. In anderen Untersuchungen wurde festgestellt, daß zwischen Blickkontakt und Erregung ein positiver Zusammenhang besteht. Kontinuierliches Anblicken kann sodann aggressionshemmend wirken. Häufig werden Sender als glaubwürdiger und vertrauenserweckender wahrgenommen, wenn sie den Gesprächspartner bei der verbalen Kommunikation anschauen. Umgekehrt wird aus fehlendem Blickkontakt auf mangelndes Interesse am Gespräch geschlossen.

Der <u>Blick beim Sprechen</u> (vgl. Argyle, 1979, S. 229 f.) kann in mehrere Abschnitte zerlegt werden:

- Bevor man aufeinander zugeht, signalisiert man durch Blickkontakt (und durch andere Signale) sein Interesse und seine Bereitschaft, eine Kommunikation zu beginnen.

- Wenn man aufeinander zugeht, wendet man den Blick zunächst ab, um sich bei der Begrüßung wieder anzuschauen.

- Das Gespräch selbst wird von wechselnden Blickkontakten und Reden begleitet. Blicke dienen dazu, die Wirkung des Gesagten zu erkunden, das Sprechen zu begleiten und zu kommentieren. Zuhörer schauen mehr als Sprechende den Gesprächspartner an, letztere besonders dann, wenn sie die Wirkung des Gesagten prüfen wollen. Abschließende Blicke signalisieren das Ende der Rede und fordern auf zu antworten. Die wichtigste Mitteilung des Blickes beim Sprechen ist darin zu sehen, daß der Betreffende aufmerksam ist. Und es gibt Fixationspunkte des Körpers, auf denen der Blick beim Sprechen nicht verweilen darf, um Abwehrhaltungen zu vermeiden.

- Auch am Ende einer Besprechung finden Blickkontakte statt, und zwar um so mehr, je höher die soziale Schicht ist.

Aus den vorliegenden Untersuchungen leitet Schukart (1985, S. 43) eine Reihe von Empfehlungen für den Blickkontakt im Verkaufsgespräch ab:

- Steigere die Blickkontaktfrequenz, um die Aktivierung beim Zuhörer zu erhöhen und damit eine bessere Informationsverarbeitung zu erreichen.

- Vermehre die Blickkontakte, um so die entgegengebrachte Sympathie, das Vertrauen und die Glaubwürdigkeit der übermittelten Botschaft zu steigern.

- Halte kontinuierlichen Blickkontakt in kritischen Situationen (z.B. bei Reklamationen), um aggressionshemmend zu wirken.

- Beweise durch Anblicken des Interaktionspartners das Interesse an seinen Argumenten.

- Beachte die visuellen Signale für die Übernahme der Sprecher- bzw. Empfängerrolle, um so eine angenehme und störungsfreie Kommunikation zu ermöglichen.

3.3.2 Kommunikation mittels Gesichts- und Körpersprache

Mimik

Das menschliche Gesicht ist nicht nur ein prägnanter Indikator für Emotionen, sondern es stellt in der persönlichen Kommunikation auch eine besonders glaubwürdige Quelle dar. Es wurde bereits erläutert, daß neben Emotionskategorien auch die Richtung und die Stärke von Gefühlen ablesbar sind.

Während des Verkaufsgespräches lassen sich aus dem Gesicht der Interaktionspartner eine Vielzahl wechselnder Emotionen ablesen. Sie dienen dazu, den Gesprächsablauf zu akzentuieren sowie die Bedeutung verschiedener Äußerungen zu vervollständigen, und sie lassen sich folgendermaßen gliedern (vgl. Argyle, 1979, S. 210 f.):

- Viele mimische Signale haben klare Bedeutungen, die in der Interaktion belohnend, bestrafend, zustimmend oder mißbilligend wirken. Jeder Verkäufer beherrscht dieses Repertoire an Gesichtsausdrücken und ist dadurch in der Lage, das Verkaufsgespräch zu beeinflussen.

- Manche Gesichtsausdrücke sind rituell festgelgt, z.B. eine freudige Mimik bei der Begrüßung. Zwar werden solche Mimiken weniger von Emotionen gesteuert, sie lösen beim Gesprächspartner aber gewünschte Reaktionen aus.

Manche Gesichtsausdrücke dienen auch dazu, dem Gesprächspartner persönliche Eigenschaften zuzuschreiben:

Mundkrümmung:	Freundlich, fröhlich, lässig, nett, liebenswürdig, humorvoll, ausgeglichen
Gesichtsspannung:	Entschlossen, aggressiv, jähzornig, unausgeglichen, ungeduldig

Eine genaue Interpretation hängt natürlich von der Verkaufssituation und dem Gesprächspartner ab. Entscheidend ist auch, in welchem Zustand emotionaler Erregung verhandelt wird.

Viele emotionale Gesichtsausdrücke sind interkulturell vergleichbar, d.h. bestimmte mimische Verhaltensweisen werden in verschiedenen Kulturen mit denselben Emotionen verbunden. Dazu zählen vor allem Freude, Ärger und Überraschung, was für Verkaufsgespräche besonders wichtig ist, aber auch Trauer, Furcht und Abscheu. Diese Erfahrungen können die Kommunikation stabilisieren, da Lernprozesse zu ihrer Beherrschung und Interpretation entfallen. Weiterhin eignen sich derartige stabile Signalsysteme zur Verkäuferschulung, um erlebte und simulierte Emotionen, die im Verkaufsgespräch gezeigt werden sollen, aufeinander abzustimmen. Ein guter Verkäufer ist bekanntlich auch ein versierter Schauspieler.

Gestik

Hände, Kopf und Füße können Gesten ausführen, die verschiedenen Zwecken dienen. Im Rahmen der persönlichen Kommunikation hat man sich vor allem mit der Gestik der Hände beschäftigt, sofern sie mit dem Sprechen verbunden ist. Sie kann die verbale Kommunikation in vielfältiger Weise unterstützen (vgl. Argyle, 1979, S. 240 f.):

- Interpunktion und Verdeutlichung der Redestruktur
- Betonung und Veranschaulichung der Rede
- Umrahmung der Rede durch nonverbale Zusatzinformationen
- Rückkopplung vom und zum Zuhörer
- Signalisierung von Aufmerksamkeit, Zustimmung etc.

Besonders wichtig für Verkaufsgespräche sind die Gesten, die sprachliche Aussagen interpretieren (Illustratoren) und den Gesprächsfluß regeln (Regulatoren). Außerdem helfen sie, Art und vor allem Intensität der beteiligten Emotionen zu dechiffrieren.

Illustratoren sind Gesten, mit denen der Verkäufer sein Angebot veranschaulichen, unterstreichen und emotional werten kann. Zwei Beispiele:

- Nach oben weisende Handbewegungen mit geöffneter Handfläche unterstreichen die verbal formulierten Produktvorteile.

- Die Kostbarkeit eines Produktes kann durch zartes Streicheln ausgedrückt werden.

<u>Regulatoren</u> dienen dazu, den Gesprächsablauf zu steuern. Sie sind für den Verkäufer wichtig, um im Gespräch die Initiative zu behalten (vgl. Kroeber-Riel, 1984, S. 543). Vor allem kommt es darauf an, Anfang und Ende einzelner Gesprächsphasen einzuleiten und die zentralen Entscheidungsphasen zu akzentuieren.

Viele Gesten haben innerhalb einer Kultur allgemein akzeptierte Bedeutungen. Sie werden als <u>Embleme</u> bezeichnet und direkt verbal übersetzt. Argyle (1979, S. 245) verweist beispielhaft auf folgende Embleme, die auch hierzulande eindeutig interpretiert werden:

Kopfnicken	Zustimmung
mit der Faust schütteln	Ärger
die Handflächen reiben	Erwartung
klatschen	Beifall
die Hand heben	Bitte um Beachtung
gähnen	Langeweile
die Hände reiben	Kälte
mit dem Finger zeigen	Richtung angeben
Daumen nach unten	Mißbilligung
Achseln zucken	Desinteresse, Unwissenheit
auf die Schulter klopfen	Ermutigung
den Magen reiben	Hunger
mit der Hand winken	Abschied
die Hände schütteln	Begrüßung

Gesten können auch <u>Gefühle</u> ausdrücken. Besonders eignen sich die Hände dazu, den Grad der Erregung mitzuteilen. So signalisieren beispielsweise nach Argyle (1979, S. 255 f.):

Hand vor dem Mund	Verwirrung, Unsicherheit
Achselzucken mit Handflächen nach außen	Gleichgültigkeit, Hilflosigkeit
ausgestreckte Arme mit nach oben gespreizten Fingern	Ablehnung
ausgestreckte Arme mit nach oben geöffneten Händen	Entgegenkommen
in der Taille aufgestützte Hände	Entschlossenheit
Arme über dem Kopf mit geballten Fäusten	Ärger
Arme hinter dem Kopf verschränkt	Entspannung
Arme vor der Brust gekreuzt	Überraschung, Mißtrauen

Die Botschaft, die durch eine dieser Gesten übermittelt
wird, kann durch die Art der Ausführung modifiziert werden.
Vor allem erreicht man dadurch Variationen in der Intensität
der kommunizierten Emotion.

Eine in Verkaufsgesprächen besonders wichtige Geste ist das
Händegeben. Damit werden Gespräche begonnen und beendet,
Streitereien geschlichtet, Abschlüsse besiegelt usw. Der
Handschlag signalisiert also das Bedürfnis, ein Vertrauens-
verhältnis zum Kommunikationspartner zu schaffen, und ein
verweigerter Handschlag wird meist als Ablehnung, Mißtrauen
oder Gegnerschaft ausgelegt.

Für den Handschlag im Verkaufsgespräch kann man folgende
Empfehlungen geben (vgl. Schukart, 1985, S. 46):

- Ein Händedruck darf nicht zu hart oder zu lasch sein, man
  sollte "handfest" spüren, wie es dem anderen geht.

- Beim Handschlag muß auf den richtigen Abstand zum Interaktionspartner geachtet werden. Das ist dann der Fall, wenn

die Distanz etwas größer als die Armlänge ausfällt. Geringere Distanzen können zur Verletzung der Intimsphäre führen, größere Distanzen herablassend wirken.

- Zur richtigen Distanz und dem optimalen Händedruck gehören ein fester Blick, ein freundliches Lächeln und häufig ein kurzes Zunicken.

Körperhaltung

Die Körperhaltung im engeren Sinne läßt sich in die drei Grundpositionen

sitzen

stehen

liegen

einteilen und drückt Emotionen, Einstellungen und Statusrelationen des Individuums aus. Die Körperorientierung kennzeichnet die Positionierung des Körpers zu einem Interaktionspartner, und unter Körperbewegung versteht man raumzeitliche Veränderungen, an denen der ganze Körper beteiligt ist (vgl. Scherer und Wallbott, 1979, S. 146 f.). Diese drei Teilaspekte der Körpersprache werden unter "Körperhaltung im weiteren Sinne" im folgenden zusammengefaßt.

Die Körperhaltung gilt als ein zuverlässiger Indikator für menschliches Täuschungsverhalten. Erfahrene Verkäufer beobachten deshalb nicht nur den Gesichtsausdruck als Indikator für die emotionale Befindlichkeit, sondern zusätzlich die Art und Weise, wie der Körper positioniert und bewegt wird.

Im Verkaufsgespräch können Körperhaltungen als Verlängerungen der Gesten aufgefaßt werden. Sie rahmen und definieren einzelne Gesprächsabschnitte, langsamer als Gesten, aber gleichgerichtet. Man nimmt die gleiche Körperhaltung ein, wenn Gefühle oder Gesprächsthemen sich wiederholen (vgl. Argyle, 1979, S. 264).

Offene und entspannte, aber nicht allzu lässige Körperhaltungen leisten einen Beitrag zur Kommunikation, da sie den Betrachter positiv stimmen. Bewährt hat sich auch die Imitation der Körperhaltung des Interaktionspartners, wobei darauf geachtet werden muß, daß Statusgrenzen nicht überschritten werden. Dabei sollte man die Hände und den Oberkörper dem Gesprächspartner zuwenden und die Beine nicht verschränken.

Verstöße gegen das räumliche Verhalten haben negative Wirkungen. Dazu zählen Verletzungen des intimen bzw. persönlichen Raumes des Kunden sowie Körperberührungen. Der Gesprächspartner weicht dann zurück, um wieder die richtige Distanz einzunehmen (vgl. Kroeber-Riel, 1984, S. 544), wodurch das Verkaufsgespräch empfindlich gestört wird. Manche Verkäufer merken ihr Fehlverhalten nicht und rücken dem Kunden nach, wodurch das Unbehagen wächst.

Zielorientiertes Verhandeln sollte innerhalb der persönlichen Distanz erfolgen, die erfahrungsgemäß etwas mehr als eine Armlänge ausmacht. Sie ermöglicht Blickkontakte während des Gespräches, und deshalb sollten Verkäufer die Regeln des räumlichen Verhaltens kennen und befolgen.

Verkaufstrainer kennen eine Vielzahl von Empfehlungen zur Gesichts- und Körpersprache erfolgreicher Verkäufer. So gibt

Ruhleder (1984, S. 110 f.) fünfzig Interpretationshilfen, um im Verkaufsgespräch keine emotionale Abwehr auszulösen und um den Gesprächspartner richtig einschätzen zu können:

Wenn der Gesprächspartner:	Dann bedeutet dies:
1. den Kopf ruckartig zurückwirft	Trotz, Ablehnung, Ungläubigkeit
2. den Kopf einzieht (Schultern hochgezogen)	Angst, Nervosität, Verkrampfung
3. die Stirn runzelt	Entrüstung
4. die Augenbrauen hebt	Ungläubigkeit oder Arroganz
5. durch Sie hindurchschaut	geistesabwesend
6. Sie mit geradem Blick anschaut	interessiert
7. keinen Blickkontakt mehr hält	Unsicherheit, Arroganz, Konzentration
8. häufig die Lider bewegt	Nervosität
9. die Brille hochschiebt	Versuch, Zeit zu gewinnen
10. die Brille (hastig) abnimmt	Nervosität, Angriff, nicht einverstanden
11. kurz an die Nase greift	bin ertappt, Verlegenheit
12. sich die Nase reibt	Nachdenklichkeit
13. den Mund öffnet	Erstaunen, will unterbrechen
14. immer leiser (langsamer) spricht	Unsicherheit, seiner Sache nicht mehr sicher, Unwilligkeit
15. die Lippen zusammenpreßt	verhaltener Zorn, Starrsinn, nachdenklich
16. auf die Lippen beißt	nachdenklich, Zeit gewinnen, Unsicherheit
17. die Oberlippe hochzieht	Verachtung, Zynismus
18. die Unterlippe hochzieht	Zweifel
19. das Kinn streichelt	nachdenklich, Selbstgefälligkeit
20. mit dem Oberkörper weit nach vorn kommt	Interesse, will unterbrechen
21. den Oberkörper weit zurücklehnt	Desinteresse, Ablehnung
22. die Arme verschränkt	
a) bei Männern	a) Ablehnung, Verschlossenheit
b) bei Frauen	b) Schutz suchen, Angst
23. weite Armbewegung macht	Sicherheit
24. enge Armbewegung macht	Unsicherheit
25. die Hand vor den Mund nimmt	
a) während	a) Unsicherheit
b) nach dem Sprechen	b) will das Gesagte zurücknehmen
26. bei Männern	
a) nach dem Sprechen	denkt nach
27. mit dem Bleistift spielt	Angst, Angriff, Nervosität, Verkrampfung
28. die Hand zur Faust verkrampft	Angriff, Wut, anklagend
29. mit den Fingern trommelt	Nervosität, zur Sache kommen

Wenn der Gesprächspartner:	Dann bedeutet dies:
30. die Hände in die Hüften stemmt	Imponiergehabe oder Entrüstung
31. die Hände am Stuhl festklammert	starke Unsicherheit
32. die Hand in die Hosentasche steckt	Entspannung oder Arroganz
33. die Hand vor die Brust legt	Beteuerungsgeste
34. die Hände vor der Brust kreuzt	Ergebenheit, Demut
35. die Hand auf den Rücken legt	Befangenheit oder Arroganz
36. die Hände im Nacken verschränkt	Wohlbehagen, Entspannung
37. den Zeigefinger hebt	Belehrung, Tadel
38. mit den Fingern schnippst	
a) einmal	a) plötzl. Einfall, Lösung gefunden
b) mehrmals	b) Lösung suchen
39. mit dem Zeigefinger auf den Tisch pocht	auf etwas bestehen, von etwas besonders überzeugt sein, Nachdruck verleihen
40. ein Spitzdach mit den Händen formt	Arroganz, oder wehre mich gegen Einwände
41. die Fingerkuppen aneinanderpreßt	Präzision
42. sich die Hände reibt	Selbstgefälligkeit
43. die Finger zum Mund nimmt	
a) kurze Zeit	a) verlegen, unsicher
b) längere Zeit	b) nachdenklich, konzentriertes Nachdenken
44. die Hand bei der Begrüßung von oben gibt	dominierend, negativ
45. das Jackett öffnet	Entspannung, Sicherheit
46. die Beine übereinanderschlägt	
a) zum Gesprächspartner	a) Aufbau eines Sympathiefeldes
b) vom Gesprächspartner abgewandt	b) Ablehnung, Unwillen
47. mit den Füßen wippt (im Stehen)	Arroganz, Sicherheit
48. die Füße verschränkt	Unsicherheit, Arroganz
49. die Füße um die Stuhlbeine legt	Unsicherheit, Halt suchen
50. die Füße nach hinten nimmt	Ablehnung, auf dem Sprung sein

3.3.3 Kommunikation mittels Gegenständen

Die vom Verkäufer eingesetzten materiellen Hilfsmittel nonverbaler Kommunikation umfassen nach Kroeber-Riel (1984, S.
544):

- die zur äußeren Erscheinung des Verkäufers beitragenden
  Gegenstände wie Kleidung und Schmuck,

- persönliche Gebrauchsgegenstände wie Auto und Aktentasche,

- in die Verkäufer-Käufer-Interaktion einfließende Objekte
  wie Mahlzeiten und Geschenke und

- die Personen und Gegenstände, die zur kommunikativen Umwelt des Verkäufers gehören wie Sekretärin und Büroeinrichtung.

Zum Geschenkverhalten als Gestaltungsmittel der nonverbalen
Kommunikation im Verkauf liegen nur wenige Untersuchungen
vor. Dabei ist die Flut mehr oder weniger nützlicher Geschenke zu besonderen Anlässen wie Weihnachten und Neujahr
ein leidiges Thema der Praxis.

Bei einseitigen Geschenken, meist von der verkaufenden
Seite, sind Regeln des jeweiligen sozialen Systems zu beachten. So muß der Wert des Geschenkes innerhalb der Grenzen
liegen, die kein Gefühl sozialer Verpflichtung heraufbe-
schwören. Außerdem dürfen Geschenke nicht in den Intimbe-
reich des Interaktionspartners eindringen, so sehr man sich
auch bemüht, individuell zu beschenken. Und es kommt auch
auf die Verpackung und den Zeitpunkt der Geschenkübergabe
an.

Die Präsentation der äußeren Erscheinung mittels <u>Kleidung</u>
oder <u>Schmuck</u> hat hauptsächlich den Zweck, etwas über sich
selbst auszusagen. Im allgemeinen hat man klare Vorstellungen davon, welche soziale Bedeutung vor allem verschiedene
Kleidungsstücke haben. Auch wenn diese Informationen nicht
unbedingt zutreffend sind, so signalisieren sie doch, wie
der Betreffende wünscht, daß andere ihn einschätzen.

Der Kleidung kommt im Verkaufsgespräch bereits bei der <u>Kon-
taktaufnahme</u> eine bedeutende Rolle zu. Sie hilft, vor nähe-
ren verbalen Informationen den sozialen Status des Gesprächspartners einzuschätzen. Argyle und Trower (1981, S.
94) berichten außerdem von Untersuchungen, wonach besser
gekleidete Menschen mit Eigenschaften wie Sensibilität,
Freundlichkeit, Empfindsamkeit, interessante Erscheinung und
Geselligkeit charakterisiert wurden.

In manchen Fällen werden an bestimmte <u>Gesprächssituationen</u>
auch Erwartungen hinsichtlich der Kleidung geknüpft. Für
Verkäufer empfiehlt es sich in solchen Fällen, Informationen
über seinen Gesprächspartner einzuholen, die ihm erlauben,
seine äußere Erscheinung entsprechend anzupassen. Häufig ist
die Toleranzschwelle für "underdressed" relativ schmal, die
ein Verkäufer nicht überschreiten darf.

Die Kleidung dient nicht nur als Indikator für soziodemographische Merkmale und für persönliche Eigenschaften. Sie
hilft auch, die <u>Stimmungslage</u> des Gesprächspartners zu beeinflussen, z.B. durch farbenfrohe oder figurbetonende Kleidung. Aktivierende und ablenkende Stimuli dieser Art werden
bekanntlich selten durchschaut.

Die Kleidung des Verkäufers weist außerdem auf den <u>sozialen</u>

Die Kleidung des Verkäufers weist außerdem auf den <u>sozialen Status</u> hin. Es erscheint ratsam, sich so zu kleiden, daß der soziale Status nicht zu niedrig eingeschätzt wird, was den Erfolg der Interaktion beeinträchtigen kann (vgl. Kroeber-Riel, 1984, S. 546). Lassen sich die Erwartungen der Käuferseite nur schlecht einschätzen, so empfiehlt es sich, eher "overdressed" als "underdressed" zum Verkaufsgespräch zu erscheinen.

Hinzu kommt, daß das Erscheinungsbild des Verkäufers auch als <u>Visitenkarte</u> der von ihm vertretenen Firma aufgefaßt wird. Das erklärt auch, warum manche Unternehmen besondere Kleidungsregeln für ihren Außendienst erlassen.

Argyle (1979, S. 309) differenziert zusammenfassend zwischen folgenden Informationen, die über die äußere Erscheinung einer Person Auskunft geben:

<u>Individuelle Identität:</u> Menschen kleiden sich in charakteristischer Weise, um von ihrer Umwelt eindeutig identifiziert und schneller erkannt zu werden.

<u>Gruppenzugehörigkeit:</u> Eine Gruppenzugehörigkeit wird zum Ausdruck gebracht, indem man in der Kleidung einen besonderen Stil trägt. Damit drückt man auch den Grad der sozialen Integration aus.

<u>Alter und Geschlecht:</u> In den meisten Gesellschaften gibt es klare Konventionen über altersbedingte Kleidungen von Männern und Frauen. Überschreitungen dieser Konventionen werden nur in gewissen Bandbreiten toleriert.

<u>Status:</u> Der soziale Status ist einer der wichtigsten An-

Verkäufer. Darauf wurde bereits verwiesen.

Beruf und soziale Rolle: Viele Berufe sind bereits an der Kleidung erkennbar. Unterschiedliche Kleidungen innerhalb einer Berufsgruppe verweisen auf verschiedene Rollen ihrer Träger. Zeremonien sind ein besonderer Anlaß, um sich abhebend und auffallend zu kleiden.

Persönlichkeitsmerkmale: Bestimmte Persönlichkeitstypen bevorzugen auch in der Kleidung eine bewußte Selbstdarstellung. Deshalb kann Kleidung auch von Beobachtern entsprechend dekodiert werden. Die äußere Erscheinungsweise spiegelt also das Selbstbild wider und erzeugt entsprechende Reaktionen bei Dritten, wodurch es wieder verstärkt wird. So erhält man verschiedene Hinweise, die das Bild von der Persönlichkeit vervollständigen.

Auch die persönlichen Gebrauchsgegenstände eines Verkäufers, wie z.B. das Auto, Armbanduhr, Aktentasche, Taschenrechner usw., beeinflussen das Verkaufsgespräch. So gehört das Auto nach Lauster (1975, S. 130) zu den käuflichen Statussymbolen. Dabei muß beachtet werden, daß luxuriöse Limousinen beim Käufer zu Neidgefühlen führen können, wohingegen kleine Autos am Erfolg des Verkäufers manchmal zweifeln lassen. Es kommt also wieder auf die "ausgewogene Mitte" an.

Zur kommunikativen Umwelt des Verkäufers zählen die Büroeinrichtung und seine Sekretärin (vgl. Kroeber-Riel, 1984, S. 544). Einflußfaktoren auf die Kommunikation sind:

- Wahl der Möbel und ihre räumliche Anordnung,
- die Farbgebung des Raumes und
- sonstige Objekte wie Lampen, Wandschmuck und Pflanzen.

Bei der Einrichtung ist wie bei der Kleidung zu beachten,
daß keine interaktionshemmenden Statusunterschiede aufgebaut
werden. Sodann kommt es darauf an, mittels der Farbgestal-
tung eine behagliche Gesprächsatmosphäre zu unterstützen.
Will ein Verkäufer über bestimmte im Raum befindliche Objekte die Kommunikation direkt beeinflussen, so benötigt er
Kenntnisse über die Vorlieben und Abneigungen seines Interaktionspartners. Ein gemäß den Neigungen des Kunden einge-
richteter Raum (z.B. mittels Blumen oder Kunstgegenständen)
ist bei der Kontaktaufnahme und bei der Schaffung einer für
die Interaktion günstigen Atmosphäre hilfreich (vgl. Bänsch,
1977, S. 17).

4.   Emotionale Kaufentscheidungen

4.1   Verhaltenswissenschaftliche Grundlagen

4.1.1 Aktivierung als Elementargröße des Entscheidungsver-
       haltens

Inwieweit eine Kaufentscheidung kognitiv gesteuert wird,
hängt maßgeblich von der Aktivierung des Konsumenten ab,
d.h. von seiner Bereitschaft, sich mehr oder weniger intensiv mit der Kaufentscheidung auseinanderzusetzen. Die Aktivierung kennzeichnet also die Intensität des Entscheidungsverhaltens, was im Kapitel 3.1.1 bereits skizziert wurde.

Dieser allgemeine Erregungs- und Spannungszustand des Individuums beeinflußt die psychischen und physischen Leistungen
während der Kaufentscheidung. Auslöser sind in der Regel
Reize, die von außen (als Stimuli) oder von innen (z.B.
medikamentös oder nervlich bedingt) die Antriebszonen des
zentralen Nervensystems beeinflussen. Bevor sie aktivie-
rungswirksam werden können, müssen sie dechiffriert werden.
Diese Reizentschlüsselung erfolgt zunächst relativ grob,
erst die dann einsetzende Aktivierung stimuliert die weiteren kognitiven Prozesse, also auch die genauere Wahrnehmung
und Verarbeitung der Reize.

Eng verknüpft mit der Aktivierung ist die Aufmerksamkeit der
Konsumenten, die als intensiv hinsichtlich der Aktivierung
und als selektiv hinsichtlich der Reizauswahl charakterisiert werden kann. Aufmerksame Konsumenten setzen einzelne
kognitive Prozesse verstärkt ein und sondern die Stimuli
aus, die sie interessieren bzw. die sie vernachlässigen
können. Man denke z.B. an das Informationsverhalten bei der
Auswahl einer Urlaubsreise, wenn bereits konkrete Vorstellungen über Art, Dauer und Kosten der Reise vorliegen. Über

die Aktivierung und über die selektive Reizverarbeitung der Konsumenten erhalten die noch zu erläuternden affektiven, kognitiven und reaktiven Prozesse des Entscheidungsverhaltens den hier zugrunde gelegten Stellenwert als zentrale Kriterien zur Differenzierung zwischen verschiedenen Arten von Kaufentscheidungen.

Aktivierung und kognitive Vorgänge beeinflussen sich gegenseitig. Im Rahmen der Analyse von Kaufentscheidungsprozessen liegt es nahe, kognitive Prozesse in Abhängigkeit von dem allgemeinen Aktivierungsniveau der Konsumenten und von der aktuellen Aktivierung in der Entscheidungssituation zu sehen.

Die Wirkung der Aktivierung läßt sich dann an der Aufnahme, Verarbeitung und Speicherung von Informationen messen, wobei situative und persönlichkeitsbedingte Restriktionen beachtet werden müssen. Hier interessieren vor allem kognitive Aspekte der Informationsverarbeitung, d.h. die kognitive Steuerung der Produktauswahl, die je nach Entscheidungsprozeß unterschiedlich strukturiert und ausgeprägt sein kann.

Problematisch ist die Erfassung der Aktivierung in der realen Kaufsituation, da der Einsatz psychophysiologischer und im Labor bewährter Verfahren kaum möglich sowie die Beobachtung von Mimik und Gestik nicht unproblematisch sind. Die psychische Aktivierung läuft jedoch weitgehend unbewußt und unkontrollierbar ab, so daß man von Laborbefunden auf das Verhalten in Entscheidungssituationen schließen kann, wobei situative Einflüsse zusätzlich berücksichtigt werden müssen. Zur Beobachtung von Mimik und Gestik gibt es bewährte Verfahren, sie erfordern jedoch geschulte Beobachter oder apparativ aufwendige Erhebungsdesigns (vgl. hierzu 2. Kapitel).

4.1.2 Einordnung emotionalisierter Käufer

Das Entscheidungsverhalten der Konsumenten läßt sich nach
verschiedenen Kriterien systematisieren. Folgt man der in
der Literatur weit verbreiteten Unterscheidung zwischen
extensiven, limitierten, habitualisierten und impulsiven
Kaufentscheidungen, so läßt sich das Entscheidungsverhalten
nach dem Ausmaß der beteiligten psychischen Prozesse charakterisieren (vgl. Weinberg, 1981, S. 16):

Kaufentscheidung	Psychische Prozesse		
	affektiv	kognitiv	reaktiv
extensiv	x	x	
limitiert		x	
habitualisiert			x
impulsiv	x		x

Emotionalisierte Kaufentscheidungen, die besonders häufig zu
Impulskäufen führen, lassen sich mittels dieser Prozesse wie
folgt definieren:

- starke emotionale Aufladung (affektive Komponente),
- geringe gedankliche Steuerung der Kaufentscheidung (kognitive Komponente) und
- besondere Reizsituation, die ein weitgehend automatisches
  Handeln auslöst (reaktive Komponente).

Um emotionale Kaufentscheidungen abzugrenzen, muß man nach
Variablen suchen, die das Entscheidungsverhalten auf den
drei genannten Ebenen (affektiv, kognitiv, reaktiv) charakterisieren. Dazu bedarf es der Vorklärung, in welcher Ent-
scheidungsphase die Impulsivität untersucht werden soll.

Bekanntlich läßt sich ein Kaufentscheidungsprozeß in mehrere
Phasen zergliedern, wobei sich jede Phase durch mehr oder
weniger starke Emotionalität auszeichnen kann. In der Regel
konzentrieren sich die Definitionen und empirischen Untersuchungen auf den Kaufakt, was in Begriffen wie "Impulskauf"
auch zum Ausdruck kommt. Interessiert man sich aber für den
Prozeß emotionalen Entscheidungsverhaltens, so ist es zweckmäßig, Entscheidung und Verhalten getrennt zu berücksichtigen. Im Mittelpunkt stehen die psychische Aktivierung und
die Reizsituation, und bei den Phasen im Kaufentscheidungsprozeß geht es vor allem um

- den Kaufentschluß (die Kaufabsicht) und/oder
- den Kaufakt.

Wichtig ist es, die psychische Aktivierung und die Reizsi-
tuationen besonders bei solchen Kaufentscheidungen oder
Kaufhandlungen zu erfassen, deren kognitive Steuerung (In-
formationsbeschaffung und Informationsverarbeitung) gering
ist. Darauf kommt es ja hinsichtlich der Abgrenzung emotionaler Kaufentscheidungen an. Zur Messung der affektiven,
kognitiven und reaktiven Determinanten emotionalen Verhaltens stehen grundsätzlich mehrere Methoden zur Verfügung. Es
empfiehlt sich, die Verfahren in Abhängigkeit von dem, was
gemessen werden soll, zu gliedern.

Messung affektiver Prozesse

Das Ausmaß der psychischen Aktivierung kann in einem Labor-
experiment physiologisch und im Feld durch Beobachtung gemessen werden. Im ersten Fall bietet sich vor allem die
Messung der hautgalvanischen Reaktion an, im zweiten Fall
die Beobachtung von Mimik, Gestik und Handlungsablauf. PGR-
Messungen erlauben als Verfahren im Labor keine Aussagen
über den Kauf, sondern erfassen (unter Berücksichtigung der
übrigen Informationen) die psychische Aktivierung, die den
Kaufentschluß begleitet. Die Beobachtung kann sich dagegen
auf spezifische Mimiken und Gestiken in der Kaufsituation
konzentrieren, welche die Emotionen während der Kaufentscheidung und die spontane Kaufhandlung in der Realität
kennzeichnen.

Hierzu bedarf es spezieller Verfahren, die möglichst stan-
dardisiert und ohne allzu großen Aufwand in der Einkaufsstätte eingesetzt werden können. Die bisher bekannten Verfahren sind entweder zu grob (d.h. sie differenzieren kaum
zwischen verschiedenen Emotionen) oder zu fein (d.h. der
Aufwand und die Ergebnisse stehen aufgrund der Komplexität
in keinem ökonomischen Entsprechungsverhältnis). Hier gilt
es, einen geeigneten Kompromiß für die Arbeit im Feld zu
entwickeln.

Messung kognitiver Prozesse

Das hier interessierende Entscheidungsverhalten zeichnet
sich dadurch aus, daß gedankliche Prozesse nur einen geringen Einfluß auf das Entscheidungsergebnis haben. Da jedoch
auch die untergeordneten kognitiven Prozesse bewußt ablau-

fen, bietet sich zur Datenerhebung die Befragung an.

In empirischen Studien zur Messung ungeplanter Käufe ist deshalb vor allem das Instrument der Befragung eingesetzt worden. Ziel der Befragung war in der Regel die Ermittlung des Planungsprozesses.

Konzentriert man sich auf die affektiven Prozesse, so liegt es nahe, auch die kognitive Selbsteinschätzung dieser affektiven Prozesse zu erfragen. Das kann z.B. dadurch geschehen, daß man die Richtung, Stärke und Qualität der wahrgenommenen Emotionen erfragt.

Fallen Kauf und Kaufentschluß zeitlich nicht zusammen, so empfiehlt es sich zusätzlich, die kognitive Komponente der Motivation, also die Handlungsorientierung, zu erfragen. Kurz: Man sollte versuchen, bewußt wahrgenommene und verarbeitete Kognitionen, die affektive Prozesse begleiten, ebenso wie die gedankliche Planung der Kaufentscheidung zu erfragen.

Messung reaktiver Prozesse

Zur Erfassung des reaktiven Entscheidungsverhaltens bietet sich der kombinierte Einsatz von Beobachtung und Befragung an. Außer der Erfragung der individuellen kognitiven Verarbeitung der Reizsituation muß beobachtet werden, inwieweit besondere Reize automatisch ablaufende Reiz-Reaktionsfolgen auslösen. Aus einem Vergleich der durch Befragung und Beobachtung gewonnenen Ergebnisse kann man feststellen, auf welche Reize der Konsument gedanklich reagiert.

Alles in allem bietet sich das Instrument der Beobachtung
zur Erfassung der Gesichts- und Körpersprache sowie des
Handlungsablaufs in der Entscheidungssituation bevorzugt an,
um emotionalisierte Käufer zu erfassen. Die Befragung dient
der Validierung (Selbsteinschätzung des emotionalen Verhaltens) und der Analyse der an der Entscheidung (untergeord-
net) beteiligten Kognitionen.

4.1.3 Eine Typologie impulsiver Käufer

Nach der hier gewählten Definiton kann man stark emotionalisierte und impulsive Kaufentscheidungen begrifflich gleich-
setzen. Dann versteht man unter Impulsverhalten ein reak-
tives Verhalten, bei dem das affektive Engagement dominiert.
Die kognitive Beteiligung des Konsumenten ist gering, d.h.
er agiert nicht, sondern reagiert (vgl. Weinberg und Gottwald, 1982).

Historisch und quantitativ kommt der Definition von Impulskäufen auf der Basis ungeplanter Käufe eine überragende
Bedeutung zu. Danach stellen Impulskäufe die Differenz zwischen tatsächlich getätigten und vorher geplanten Käufen
dar. Diese Definition überwiegt in der amerikanischen Literatur.

Impulsive Kaufentscheidungen sind also "ungeplant" im Sinne
von unüberlegt, aber nicht jeder ungeplante Kauf wird impul-
siv entschieden. Ungeplante Käufe können durchaus rational
vollzogen werden.

Frühzeitig wurde die ausschließliche Verankerung des Begrif-
fes "Impulskauf" am Planungsprozeß und am Ort der Kaufent-

scheidung kritisiert. Vor allem vermißte man die Analyse der am Impulskauf beteiligten psychischen Prozesse des Konsumenten, die auf affektive, kognitive und reaktive Teilprozesse zurückgeführt werden können.

Empirische Untersuchungen (vgl. zusammenfassend Weinberg, 1981, S. 175 f.) belegen, daß es möglich ist, mittels Befragung impulsive Käufer zu erfassen. Das Instrument der Befragung scheint sich dann zu eignen, wenn Konsumenten angeben sollen, wie häufig sie sich von Warenangeboten spontan zu Käufen "hinreißen" ließen. Es handelt sich also um einfache Fragen zur Selbsteinschätzung des emotionalen Verhaltens.

Die Methode der Selbsteinschätzung hat Dahlhoff (1979, S. 30 f.) in einer eigenen empirischen Studie zu ungeplanten und impulsiven Kaufentscheidungen angewendet. Seine Definitionsbasis stimmt mit der hier gewählten weitgehend überein. Impulskäufe wurden dabei durch eine Einstufung der ungeplanten Käufe von den Befragten nach folgenden Kriterien gemessen:

1. Habe ich mich im Geschäft daran erinnert.   Impuls 1
2. Erschien mir plötzlich wünschenswert.   Impuls 2
3. War ein günstiges Angebot.   Impuls 3
4. Habe ich als Ersatz für etwas anderes gekauft.   Impuls 4
5. Andere Gründe (z.B. Wunsch der Begleitung etc.). Impuls 5

Es wurden zwei Experimental- und eine vergleichbare Kontrollgruppe gebildet, und die Befragung fand am "Point of Purchase" im Lebensmitteleinzelhandel statt. Die Kaufabsichten der beiden Experimentalgruppen wurden vor dem Betreten der Kaufzone ungestützt und gestützt (Vorlage einer Liste mit 62 Hauptsortimentsbereichen) erfragt, und die

Einstufung der festgestellten ungeplanten Käufe erfolgte
anhand der vorgegebenen fünf Impulskategorien nach dem Einkauf. Die Kontrollgruppe wurde nur nach dem Einkaufen befragt. Allerdings mußten dann sämtliche Käufe anhand der
fünf Impulskategorien eingestuft werden. Die Herstellung der
Vergleichbarkeit der Untersuchungsgruppen sowie die Prüfung
von Befragungseffekten waren zentrale Anliegen des methodischen Designs. Außerdem sollte geprüft werden, ob sich unterschiedliche Käufergruppen nach psychischen, sozialen und
soziodemographischen Daten segmentieren lassen.

Die Ergebnisse zeigen, daß Impuls 1 (erinnert) überwiegt,
mit Abstand gefolgt von Impuls 2 (plötzlich wünschenswert),
dem die Impulsdefiniton im engeren Sinne zugrunde liegt.
Offensichtlich kann der größte Teil der ungeplanten Käufe
als Erinnerungskäufe interpretiert werden, wohingegen die
Ergebnisse zu Impuls 2 schon aus methodischen Gründen (Erfragung der Intensität von Bedürfnissen) problematisch erscheinen. Bemerkenswerterweise ist der Anteil vom Impuls 2
in der Kontrollgruppe am höchsten, was daran liegen kann,
daß ein großer Teil der "ungeplanten Erinnerungskäufe" von
diesen Befragten nicht als ungeplant, sondern als plötzlich
wünschenswert im nachhinein erlebt oder erinnert wurden.
Alles in allem konnten etwa 8% aller getätigten Käufe zu den
Impulskäufen im engeren Sinne durch Selbsteinschätzung gezählt werden. Dieses Ergebnis zeigt, daß es zweckmäßig ist,
zwischen ungeplanten Käufen (35% - 50% aller Käufe) und
Impulskäufen zu unterscheiden.

Die Ergebnisse von Dahlhoff (1979) regen an, das Instrument
der Befragung verstärkt zur Systematisierung impulsiven
Kaufverhaltens einzusetzen, soweit es um die gedankliche
Verarbeitung des Kaufentschlusses sowie um die Selbstein-

schätzung der emotionalen Aufladung geht. Da besonders im letzten Falle die introspektiven Fähigkeiten des Individuums überfordert werden können, empfiehlt es sich, die den Kaufentschluß und den Kauf begleitende psychische Aktivierung (affektiver Aspekt) durch Beobachtung der Gesichts- und Körpersprache zusätzlich zu erfassen. Dann erfaßt man Indikatoren, die in der Kaufsituation unbewußt auftreten und somit valider die Impulsivität charakterisieren als die nachträgliche, kognitiv beeinflußte Selbsteinschätzung.

Gottwald (o.J.) hat eine Typologie impulsiver Käufer nach folgenden Merkmalen entwickelt:

- Erfaßbarkeit mittels Befragung

- Differenzierung nach der Art des Planungsprozesses

- Reduzierung der Antworten auf quantitative Größen wie Art und Anzahl der gekauften Produkte

- Beschränkung der Introspektion auf globale Fragen an emotionalisierte Käufer

- Mögklichkeiten der Ergänzung des Erhebungsdesigns durch Beobachtung der emotionalisierten Käufer

Das folgende Schema zeigt die Käufertypologie mit den grundsätzlich differenzierenden Statements und den Bezeichnungen für die einzelnen Käufergruppen. Sie bedarf einer fallweisen Präzisierung und Anpassung an die Problemstellung.

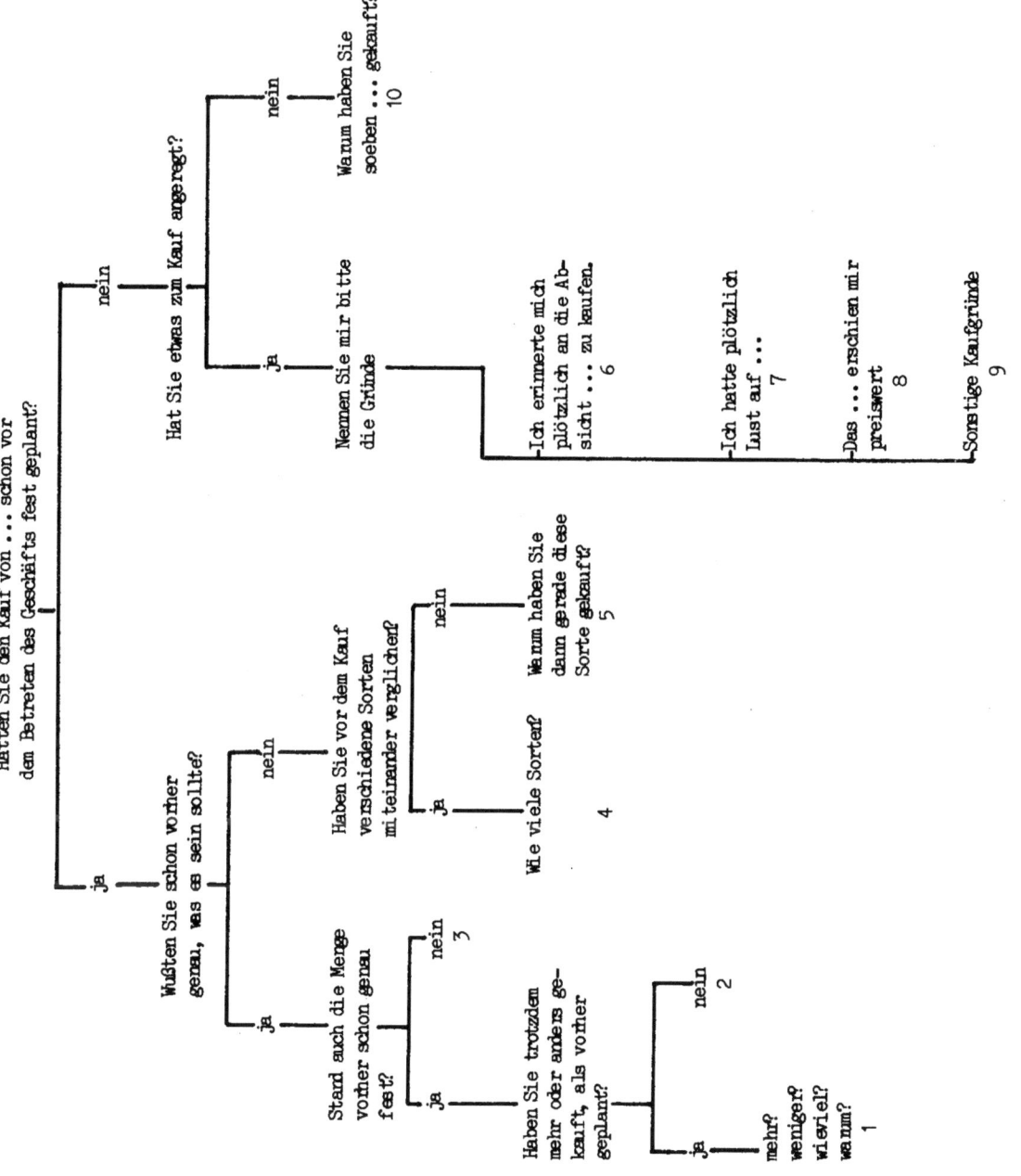

Käufertypologie

1 verführbarer Plankäufer

2 rigider Plankäufer

3 "flexibler" Plankäufer

4 abwägender Plankäufer

5 "impulsiver" Plankäufer

6 Erinnerungsimpulskäufer

7 "klassischer" Impulskäufer

8 Sonderangebotskäufer

9 nicht definierbar

10 "Sponti"

Diese Käufertypologie wurde 1984 vom Paderborner Lehrstuhl für Absatz-, Konsum- und Verhaltensforschung in Zusammenarbeit mit der Langnese-Iglo GmbH in Hamburg getestet. Es ging um die Segmentierung von Impulskäufern von Eis (Kleinpackungen und Haushaltspackungen).

Die Feldarbeit und die Auswertung mittels BMDP übernahm die A.C. Nielsen Company GmbH in Frankfurt. An 4 Tagen im Juni 1984 wurden im Rhein-Main Gebiet 333 Käufer von Haushalts- und Kleinpackungen in 5 Geschäften befragt. Es sollte geprüft werden, ob es möglich ist, Käufer von Produkten, die offensichtlich nicht limitiert oder habitualisiert eingekauft werden, gemäß der vorliegenden Käufertypologie einzuordnen. Die übergeordneten Ergebnisse lassen sich folgendermaßen zusammenfassen:

- Den Konsumenten bereitet es keine Schwierigkeiten, den nach dieser Käufertypologie aufgebauten Fragebogen zu beantworten.
- Die Befragung läßt sich schnell und problemlos durchführen.

- Prägnant lassen sich die Käufergruppen 2, 4 und 7 unterscheiden. Die unternehmensinternen, mehr intuitiv gewonnen
Erfahrungen bestätigen diese Ergebnisse.
- Die Gruppen 5 - 8 begründen ihren Einkauf in differenzierter Weise, woraus Implikationen für das Marketing gezogen
werden können.
- Käufer der Gruppe 7 (klassische Impulskäufer) zeichnen
sich durch Emotionen aus, die der Beobachtung zugänglich
sind. Darüber wird im Kapitel 4.3 berichtet.

4.2   Erfassung emotionalisierter Käufer
4.2.1   Emotionen und Erlebniswerte beim Einkauf

Emotionalisierte Käufer lassen sich, wie bereits erläutert
wurde, in affektiver und/oder reaktiver Hinsicht charakterisieren. Kognitive Prozesse spielen eine untergeordnete Rolle. Es kommt also auf die psychische Aktivierung und die
Reizsituation während der Entscheidung an.

Bekanntlich können Emotionen hinsichtlich ihrer Art, Richtung und Stärke unterschieden werden. Die nonverbale Erfassung emotionalisierter Käufer wird dadurch erleichtert, daß
beim Einkauf positive Emotionen dominieren. Damit ist die
Richtung der am Einkauf beteiligten Emotionen a priori festgelegt und stellt kein Meßproblem dar. Durch die mögliche
Vernachlässigung negativer Emotionen reduziert sich auch die
Anzahl unterscheidbarer Emotionen beim Einkauf.

Besondere Meßprobleme können bei Emotionen entstehen, die
keine dominante Richtung aufweisen, wie z.B. Langeweile.
Auch können Emotionen in Abhängigkeit von ihrer Intensität
als mehr oder weniger angenehm erlebt werden, z.B. schmerz-

haftes Lachen. Derartige Emotionen spielen beim Einkauf
allerdings eine untergeordnete Rolle. Hier geht es um positive Emotionen mittlerer Intensität, die man beim täglichen
Einkauf erleben kann.

Folgt man Plutchik (1980) und Izard (1981), so existiert
eine Anzahl "fundamentaler" Emotionen, aus denen sich die
übrigen Emotionen zusammensetzen bzw. ableiten lassen. Folgende positive Emotionen gelten als fundamental:

- Interesse
- Freude
- Überraschung
- Erwartung, Neugierde

Izard (1981) geht davon aus, daß Bewegungsabläufe im Gesicht
zu den integralen Komponenten von Emotionen gehören. Er
nimmt an, daß zwischen bestimmten Gehirnstrukturen und Gesichtsmuskeln wechselseitige Beziehungen bestehen. Zum einen
werden Nervenimpulse vom Gehirn zu den Gesichtsmuskeln ge-
leitet, um mimische Reaktionen auszulösen, zum anderen wird
das mimische Ausdrucksverhalten zum Gehirn zurückgemeldet.
So entsteht das subjektive Erleben einer Emotion.

Dauer und Intensität einer Emotion werden nach diesem Erklärungsansatz primär durch die Muskulatur des Skeletts und der
Organe bestimmt. Kognitive Prozesse spielen für die subjektive Interpretation von Emotionen eine untergeordnete Rolle,
da genetisch vorprogrammierte, intersubjektiv kommunizier-
bare mimische Reaktionen ausgelöst werden.

Nach Plutchik (1980) lassen sich weitere positive Emotionen,
die ja beim Einkauf besonders interessieren, als Gefühlsmi-

schungen aus 8 Basisemotionen ableiten. Diese Basisemotionen
sind:

- Erwartung, Neugierde
- Freude
- Überraschung
- Trauer
- Zorn
- Ekel
- Furcht
- Akzeptanz

Sie bedingen jeweils zu zweit folgende Gefühlsmischungen:

- Freude und Akzeptanz: Liebe, Freundlichkeit
- Erwartung und Freude: Optimismus, Mut
- Freude und Überraschung: Vergnügen

Folgt man der Theorie von Plutchik, so kann die Emotionsanalyse beim Einkauf auf wenige und positive Elementaremotionen
reduziert werden, aus denen weitere positive Emotionen ab-
leitbar sind. Dann wird das Instrument der Beobachtung in
der Kaufsituation handlicher, da es die Erfassung kurzfri-
stiger und schnell wechselnder Sequenzen in der Mimik, Gestik und Körperbewegung ermöglicht. Die Benennung der abge-
leiteten Emotionsmischungen ist kein empirisches, sondern
ein semantisches Problem. Plutchik schlägt vor, Experten zu
befragen, wenn es um die Interpretation von Gefühlsmischungen geht.

Die Reduzierung der Analyse auf wenige positive Emotionen
beim Einkauf, aus denen weitere Emotionen abgeleitet werden
können, reicht nicht aus, um emotionalisierte Käufer umfas-

send zu beschreiben. Es fehlt der Objektbezug emotionalen Erlebens.

Bekanntlich kann eine Emotion in so vielen Varianten erlebt werden, wie es Reize zu ihrer Auslösung gibt. Man benötigt deshalb situationsspezifische Kriterien, um die am Einkauf beteiligten Emotionen näher zu charakterisieren. Ein solches Kriterium kann der produktspezifische Erlebniswert sein.

Unter einem produktspezifischen Erlebniswert versteht man den subjektiv erlebten, durch das Produkt vermittelten Beitrag zur Lebensqualität des Konsumenten (vgl. Weinberg und Konert, 1984, S. 313 f.). Es handelt sich also um sinnliche Produkterlebnisse oder emotionale Konsumerlebnisse, die in der Gefühlswelt der Konsumenten verankert sind und sich in konkreten Emotionen manifestieren.

Produktspezifische Erlebniswerte repräsentieren die Lebensqualität von Konsumenten, indem sie Werte, Lebensstile und Einstellungen ausdrücken. Diese Faktoren der Lebensqualität sind meßbar, wie Untersuchungen von Konert (1984, 1986) gezeigt haben. Darin wird belegt, daß emotionale Erlebniswerte für Konsumenten umso bedeutsamer sind, je

- höher die subjektiv wahrgenommene Lebensqualität,
- gesättigter ein Markt und
- ausgereifter die Produkte sind.

Bewährte Erlebniswerte sind beispielsweise Kommunikation, Sicherheit, Mobilität, Freizeit, Tradition und Anerkennung, um nur einige Beispiele zu nennen. Die Bedeutung der Erlebniswerte hängt von den betroffenen Bereichen der Lebensqualität ab, wie z.B. Freunde, Gesellschaft, Familie, Urlaub, Einkommen, Natur, Haus und Wohnen.

Analysiert man Erlebniswerte der genannten Art nach den beteiligten Emotionen, so wird man eine Typologie erlebniswertspezifischer Gefühlsmischungen erhalten. Die nonverbale Analyse emotionalisierter Käufer kann so durch die überwiegend verbale Erfassung produktspezifischer Erlebniswerte sinnvoll ergänzt werden, um das emotionale Entscheidungsverhalten in der Kaufsituation zu erklären.

Damit sind zwei Vorteile verbunden. Zum einen werden Gefühlsmischungen konkreten Erlebniswerten zugeordnet, die Auskunft über Kaufmotive und Einstellungen der Konsumenten geben. Zum anderen erhält man Hinweise zur emotionalen Ansprache ausgewählter Zielgruppen, sei es in der persönlichen Kommunikation am Ort des Einkaufs oder sei es im Rahmen der werblichen Beeinflussung.

Am Lehrstuhl für Absatz-, Konsum- und Verhaltensforschung der Paderborner Universität sind im Jahre 1984 die Bedingungen wirksamer Erlebnisvermittlung untersucht worden (vgl. Konert, 1986). Dabei ging es vor allem um die vergleichende Überprüfung folgender Alternativen:

- Bildliche Erlebniswerte vs. Argumente zum Produktnutzen
- Personen- vs. Produktabbildung

Zur Wirkungsmessung der vorgelegten Anzeigen wurden erfaßt:

- Intensitätswirkung der Anzeigenalternativen
- Anzeigenanmutung
- Produktbewertung

- Recall (Marke, Produkt, Umfeld)
- Recognition

Die Ergebnisse zeigen, daß emotionale Erlebniswerte gegenüber technischen Argumenten überlegen sind. Dabei bestätigte
sich die vielzitierte Erfahrung, daß Bilder mehr zeigen als
Worte, vor allem dann, wenn Menschen abgebildet werden. Es
wird also darauf ankommen, die Erlebniswertvermittlung auch
nonverbal durch adäquate Emotionen zu unterstützen, und zwar
in folgender Weise:

- Festlegung der produktspezifischen Erlebniswerte
- Analyse der an der Erlebniswertvermittlung beteiligten
  Emotionen und Gefühlsmischungen
- Verbales und nonverbales Briefing der erlebniswertspezifi-
  schen Bilder

4.2.2 Messung der Emotionalität

Aus methodischer Sicht läßt sich die Erfassung der Gesichts-
und Körpersprache emotionalisierter Käufer der systematischen Verhaltensbeobachtung zuordnen. Faßnacht (1979, S. 102
f.) unterscheidet folgende Beobachtungssysteme:

- Verbalsysteme
- Nominalsysteme (Zeichen- und Kategoriensysteme)
- Dimensionalsysteme
- Strukturalsysteme

Das im folgenden Kapitel beschriebene Experiment zur Selbst-
und Fremdeinschätzung emotionalen Verhaltens bedient sich
nach dieser Gliederung eines Dimensionalsystems zur Verhal-

tensbeobachtung. Das geschieht durch die Verwendung von
Ratingskalen zur dimensionalen Beschreibung der Intensität
des Ausdrucksverhaltens. Im Prinzip können drei dimensionale
Beschreibungsansätze unterschieden werden:

- Beschreibung der Häufigkeit des Ausdrucksverhaltens
- Beschreibung der Dauer des Ausdrucksverhaltens
- Beschreibung der Intensität des Ausdrucksverhaltens

Die Erfassung der Häufigkeit und der Dauer einer gezeigten
Emotion ist relativ unproblematisch, wenn Anfang und Ende
einer bestimmten Verhaltensbeobachtung festgelegt sind. Die
mögliche relative Unschärfe mancher Zäsuren hängt natürlich
vom Verhaltensinhalt ab.

Die Verwendung von Ratingskalen zur Verhaltensbeobachtung
ist dagegen nicht unproblematisch. Neben den üblichen Ein-
wänden (wie fehlende Metrik der Skalen) kann die inter-
subjektive Übereinstimmung gering sein. Das gilt nicht so
sehr für eine Gruppe trainierter Beobachter, die sich ab-
sprechen können, sondern eher für den Versuch einer späteren
Replikation der Ergebnisse. Deshalb sind Reliabilitätstests
im Rahmen der systematischen Verhaltensbeobachtung unerläß-
lich.

Aus inhaltlicher Sicht läßt sich die Erfassung der Gesichts-
und Körpersprache emotionalisierter Käufer der Ausdruckspsychologie zuordnen. Eine der Hauptaufgaben dieser psychologischen Richtung ist es, den Ausdruck von Gefühlen, Affekten
und Stimmungen beim Ausdrucksträger zu untersuchen. Derartige Gefühlszustände werden von wahrnehmbaren körperlichen
Veränderungen (z.B. Mimik und Gestik) begleitet, die spontan
und relativ unkontrolliert auftreten können.

Zentrale Probleme sind in diesem Zusammenhang:

- Die Deutung des Ausdrucksverhaltens ist relativ schwierig,
  vor allem dann, wenn psychische Prozesse in "Ausdruckszei-
  chen" zur Erfassung und Deutung des Verhaltens transfor-
  miert werden.

- Gefühlszustände können ohne innere Beteiligung verständlich kommuniziert werden (z.B. durch Schauspieler). Außerdem kann Verhalten mehr oder weniger expressive Momente
  aufweisen, wodurch Abgrenzungsprobleme zwischen Leistungs-
  und Ausdrucksverhalten entstehen.

- Das spekulative Element ist in der Ausdrucksforschung
  nicht zu übersehen. Bedingt durch philosophische und an-
  thropologische Orientierungen werden empirische Beispiele
  und Experimente selektiv eingesetzt und interpretiert. Es
  überwiegt häufig das "Verfahren der exemplarischen Demon-
  stration".

Bei der Methode der Fremdeinschätzung emotionalen Verhaltens
geht es um die Beurteilung anderer Menschen als Wahr-
nehmungsobjekte. Dabei stellt sich die Frage, wie man die
Richtigkeit einer Aussage über eine andere Person messen
soll. Jahnke (1975, S. 83 f.) erörtert mögliche Prüfkrite-
rien:

1. Übereinstimmung mit anderen Beurteilern, z.B. Experten,
   Fachleuten, Vertrauten oder Bekannten.

2. Übereinstimmung mit der Selbsteinschätzung des Wahrgenommenen.

3. Übereinstimmung mit Testbefunden bzw. anderen "objektiven" Daten.

4. Übereinstimmung von <u>Voraussage</u> und Verhalten (Prognosevalidität).

Die im nächsten Kapitel beschriebene Studie bedient sich der 2. und 4. Möglichkeit zur Überprüfung der Validität der Fremdeinschätzung. Die Selbsteinschätzung des emotionalen Verhaltens und die Voraussagbarkeit des Verhaltens werden damit zu wichtigen Prüfgrößen.

4.2.3 Eine empirische Studie

Ziele der Untersuchung

In einer empirischen Studie (vgl. Weinberg, 1981, S. 179 f.) sollte versucht werden,

- die den Kaufentschluß und den Kauf begleitende psychische <u>Aktivierung</u> durch Beobachtung der Mimik zu erfassen (affektiver Aspekt),

- die gedankliche <u>Verarbeitung</u> des Kaufentschlusses (kognitiver Aspekt) sowie die <u>Selbsteinschätzung</u> der emotionalen Aufladung zu erfragen und

- eine prägnante <u>Reizsituation</u> herzustellen, die die Versuchspersonen veranlaßt, sich spontan für einen Kauf zu entschließen (reaktiver Aspekt).

Zu diesem Zweck wurde eine künstliche Kaufsituation mit unbekannten Produkten geschaffen. Folgende Fragen sollten geklärt werden:

- Ist es möglich, unterschiedliche Emotionen zu erfragen (Selbsteinschätzung) und an der Mimik der Versuchspersonen zu beobachten (Femdeinschätzung)?

- Lassen sich Käufer von Nichtkäufern in emotionaler Hinsicht unterscheiden?

- Welche Beziehungen bestehen zwischen der Selbsteinschätzung und der Fremdeinschätzung emotionalen Entscheidungsverhaltens?

Herkunft des Datenmaterials

Die vorliegende Studie wurde im Sommersemester 1979 an der Paderborner Universität im Rahmen eines Praktikums zur Konsumforschung durchgeführt (das empirische Praktikum wurde von Herrn Dipl.-Kfm. Wolfgang Gottwald betreut). Im Monat Juni fand an 4 Tagen in den Gebäuden der Hochschule ein Verkauf selbst entworfener Aufkleber an speziellen Ständen statt. Dabei wurden die Versuchspersonen (Käufer bzw. Nichtkäufer der Aufkleber) unbemerkt mit einer Videokamera gefilmt. Der Standort des Verkaufs wechselte häufig, um Wiederholungskäufe möglichst zu vermeiden.

Nachdem die Versuchspersonen den Verkaufsstand verlassen hatten, wurden sie von vorher unbemerkbaren Interviewern mit einem standardisierten Fragebogen interviewt. Sie erfuhren nun, daß sie beim Kauf bzw. Nichtkauf gefilmt worden waren, und sie hatten die Möglichkeit, ihr Einverständnis zur wissenschaftlichen Auswertung der Filmaufnahmen zusammen mit den Interviews zu geben oder zu verweigern. Fast alle Befragten stimmten zu. Es konnten 47 Käufer und 154 Nichtkäufer erfaßt werden.

Von den gedrehten Filmaufnahmen wurden 15 Sequenzen von Käufern und 15 Sequenzen von Nichtkäufern ausgewählt und zu einem neuen Film zusammengeschnitten. Selektionskriterium war die Qualität der Filmaufnahmen. Die einzelnen Sequenzen waren zwischen 3 und 17 Sekunden lang. Dieser Film wurde dann 35 Personen, die nicht zu den Versuchspersonen gehörten, zur Beurteilung vorgeführt. Vor der Vorführung erfuhren sie lediglich, daß es sich um Filmaufnahmen vom Verkauf von Aufklebern handele.

Sie wußten nicht, welche Filmsequenz einen Käufer und welche einen Nichtkäufer zeigt. Nach jeder Sequenz wurde der Film gestoppt, und die Beobachter sollten ihre Eindrücke auf einem vorgegebenen Fragebogen eintragen. Dieser Teil der Untersuchung erbrachte insgesamt 1020 Einzelurteile (35 Beurteiler x 15 Filme und 33 Beurteiler x 15 Filme = 1020 Einzelurteile).

Messung der Variablen

Für die vorliegende empirische Studie wurde ein dimensionaler/kategorialer Beurteilungsansatz gewählt, der zwischen mehreren Aspekten von Emotionen differenziert:

- die Stärke, d.h. die Intensität einer Emotion,
- die Richtung, d.h. das Vorzeichen einer Emotion und

- die Qualität, d.h. der Inhalt einer Emotion.

Unter Berücksichtigung der vorliegenden Untersuchungen fand
eine Selektion von Items statt, die sechsfach von "nein"
über "weniger" bis "mehr" untergliedert wurden und sich wie
folgt einordnen ließen:

- zur Stärke: stimulierend, erregend, begeisternd
- zur Richtung: amüsant, angenehm, erfreulich
- zur Qualität: Interesse, Langeweile, Überraschung, Ver-
                 wunderung, Neugier, Gleichgültigkeit, Är-
                 ger, Begeisterung, Freude, Heiterkeit, Be-
                 denken

Diese siebzehn Items dienten sowohl der Selbsteinschätzung
(d.h. die Käufer und Nichtkäufer der Aufkleber wurden nach
Verlassen des Verkaufsstandes befragt) als auch der Fremdeinschätzung (d.h. Beurteilung der Mimik der gefilmten
Testpersonen durch Beobachter). Zusätzlich sollten die Beobachter der Filmsequenzen angeben, ob die gezeigte Person
nach ihrer Meinung einen Aufkleber gekauft hatte oder nicht.
Dadurch ergab sich die Möglichkeit, zwischen tatsächlichen
und vermeintlichen "Impulskäufern" nach Meinung der Beobachter zu differenzieren.

Stärke, Richtung und Qualität der Emotionen wurden also
durch verbale und durch motorische Indikatoren erfaßt. Dadurch konnte die Validität der Ergebnisse besonders geprüft
werden.

Zusätzlich zur Fremd- und Selbsteinschätzung der an der
Kaufentscheidung beteiligten Emotionen wurde die kognitive
Informationsverarbeitung erfaßt. Nach der Kaufentscheidung

sollten Käufer und Nichtkäufer die Frage beantworten, woran sie gedacht hatten, bis sie sich entschlossen, das Produkt zu kaufen bzw. nicht zu kaufen. Zur Beantwortung standen mehrere Antwortmöglichkeiten zur Auswahl.

Auswertung der Studie

Die statistische Auswertung erfolgte durch das sozialwissenschaftliche Programm SPSS (Statistical Package for the Social Sciences).

Vor einer Interpretation der Daten empfiehlt es sich, die Struktur der Variablen mittels einer Faktorenanalyse zu prüfen. Die Korrelationsmatrizen wurden getrennt nach adjektivischen und substantivischen Items sowohl für Interviews (Selbsteinschätzung) als auch für Filmbeurteilungen (Fremdeinschätzung) faktorisiert. Es wurden (mit einer Ausnahme) nur Faktoren berücksichtigt, deren Eigenwerte größer als 1 sind. Folgende Dimensionen lassen sich hypothetisch einzelnen Variablen zuordnen, wobei nur solche Variablen berücksichtigt wurden, deren Wert $\geqslant 0,50$ ist.

Erhebungsart / Faktor Item	Selbsteinschätzung		Fremdeinschätzung	
	F_1	F_2	F_1	F_2
amüsant	-0,02	0,32	0,73	0,38
stimulierend	0,59	0,12	0,40	0,76
angenehm	0,54	0,31	0,72	0,47
erregend	0,61	-0,01	0,32	0,74
erfreulich	0,40	0,74	0,87	0,30
begeisternd	0,55	0,50	0,68	0,42
Eigenwert	1,47	1,01	2,53	1,76

Faktorenstruktur der adjektivischen Items

Erhebungsart	Selbsteinschätzung			Fremdeinschätzung		
Faktor / Item	F_1	F_2	F_3	F_1	F_2	F_3
Interesse	0,31	0,17	0,56	0,60	0,27	0,33
Langeweile	-0,04	0,11	-0,36	-0,60	-0,24	-0,08
Überraschung	0,14	0,71	0,15	0,15	0,27	0,72
Verwunderung	-0,02	0,61	-0,05	-0,01	0,08	0,73
Neugier	0,06	0,25	0,32	0,50	0,22	0,47
Gleichgültigkeit	-0,10	0,01	-0,51	-0,69	-0,21	-0,19
Ärger	0,04	0,15	-0,02	-0,41	-0,17	0,21
Begeisterung	0,60	-0,04	0,24	0,37	0,63	0,27
Freude	0,79	0,13	0,08	0,26	0,82	0,32
Heiterkeit	0,30	0,18	0,19	0,24	0,78	0,24
Bedenken	0,05	0,17	0,10	-0,32	-0,41	0,11
Eigenwert	1,21	1,08	0,94	1,99	2,16	1,71

Faktorenstruktur der substantivischen Items

Die Ergebnisse der Faktorenanalysen lassen sich wie folgt zusammenfassen:

Hypothetische Dimensionen	Bezeichnung in der Literatur	Variablen Selbsteinschätzung	Variablen Fremdeinschätzung
Stärke der Emotionen	aufmerksame Aktivität	erregend stimulierend begeisternd (angenehm)	stimulierend erregend
Richtung der Emotionen	Lust-Unlust	erfreulich (begeisternd)	erfreulich amüsant angenehm (begeisternd)
<u>Qualität</u> Freude	 Glück	Freude Begeisterung	Freude Heiterkeit Begeisterung
Überraschung	Überraschung	Überraschung Verwunderung	Verwunderung Überraschung
Interesse	Interesse	Interesse -Gleichgültigkeit	-Gleichgültigkeit Interesse -Langeweile Neugier

- Für die Fremd- und Selbsteinschätzung lassen sich <u>identische</u> hypothetische Dimensionen finden.

- Die gewählten Bezeichnungen <u>entsprechen</u> denen, über die die <u>Literatur</u> (Ekman et al.) berichtet und die in früheren empirischen Untersuchungen ermittelt worden waren.

- Es ist möglich, sowohl bei der Selbsteinschätzung als auch bei der Fremdeinschätzung zwischen der <u>Stärke</u> und der <u>Richtung</u> von Emotionen zu unterscheiden.

- Die Items lassen sich zu drei Faktoren zusammenfassen, die <u>Qualitäten</u> von Emotionen angeben: Freude, Überraschung und Interesse. Ungeklärt bleiben Items wie Bedenken und Ärger. In Anbetracht ihrer negativen emotionalen Richtung konnte erwartet werden, daß diese Emotionskategorien unbesetzt blieben.

Bereits die Ergebnisse zur Faktorenanalyse zeigen, daß es möglich ist, unterschiedliche Emotionen zu erfragen und an der Mimik der Versuchspersonen zu beobachten. Offensichtlich wurde bei beiden Tests auf gleichen Emotionsdimensionen empfunden. Von Interesse ist nun, ob die untersuchten Käufer die Merkmale von Impulskäufern aufweisen und wie sie von Nichtkäufern in emotionaler Hinsicht differenziert werden können.

Item	$\bar{x}$		Differenz $\bar{x}$
	tats. Käufer (n = 47)	tats. Nichtkäufer (n = 154)	
amüsant	3,74	3,09	+ 0,65 $^+_{\infty}$
stimulierend	1.89	1,66	+ 0,23
angenehm	2,89	2,48	+ 0,41
erregend	1,45	1,32	+ 0,13
erfreulich	3,49	2,89	+ 0,60 $^+_{o}$
begeisternd	2,55	1,75	+ 0,80 $^{++}_{\infty}$
Interesse	3,57	2,46	+ 1,11 $^{++}_{\infty}$
Langeweile	0,23	0,49	− 0,26
Überraschung	1,60	1,90	− 0,30
Verwunderung	0,89	1,51	− 0,62 $^{++}_{o}$
Neugier	2,66	2,91	− 0,25
Gleichgültigkeit	0,32	0,94	− 0,62 $^+_{\infty}$
Ärger	0,00	0,16	− 0,16 +
Begeisterung	1,89	0,71	+ 1,18 $^{++}_{\infty}$
Freude	1,79	0,92	+ 0,87 $^{++}_{\infty}$
Heiterkeit	3,28	2,52	+ 0,76 $^{++}_{\infty}$
Bedenken	0,57	0,79	− 0,22

+ = signifikant α < 0,05
++ = signifikant α < 0,01 χ^2 - Test

o = signifikant α < 0,05
oo = signifikant α < 0,01   t - Test

<u>Selbsteinschätzung:</u> Tatsächliche Käufer und Nichtkäufer

Sowohl die parametrischen (t-Test) als auch die nicht parametrischen (χ^2-Test) Tests zeigen, daß die Käufer sich selbst amüsierter, erfreuter und begeisterter einschätzten als Nichtkäufer. Von ihnen wurden also die Richtung und die Stärke ihrer Emotionen prägnanter wahrgenommen als von Nichtkäufern.

Außerdem empfanden Käufer signifikant mehr Interesse, Begeisterung, Freude, Heiterkeit, jedoch weniger Verwunderung und Gleichgültigkeit als Nichtkäufer. Durch diese Emotionsqualitäten lassen sich Käufer und Nichtkäufer nach ihrer Selbsteinschätzung also ebenfalls differenzieren.

Vergleicht man diese Ergebnisse mit den wesentlichsten Merkmalen emotionalen Entscheidungsverhaltens (hier: prägnante Reizsituation und starke psychische Aktivierung), so können die untersuchten Käufer als Impulskäufer bezeichnet werden (also als solche, die sich spontan zu einem Kauf entschlossen haben), und sie unterscheiden sich in der Selbsteinschätzung ihres emotionalen Verhaltens signifikant von Nichtkäufern. Damit erweist sich das von Dahlhoff gewählte Vorgehen (Ermittlung impulsiver Käufe über die Selbsteinschätzung) als praktikabel, allerdings empfiehlt sich eine verhaltenswissenschaftliche Analyse der beim Impulskauf beteiligten Emotionen.

Sodann wurde geprüft, ob und wie zwischen Käufern und Nichtkäufern im Rahmen der Fremdeinschätzung differenziert wurde. Die Beobachter der Filmsequenzen hatten die Aufgabe, anhand der gleichen Itembatterie, die auch bei der Befragung der Testpersonen (Selbsteinschätzung) verwendet worden war, die an der Mimik ablesbaren Emotionen (Stärke, Richtung und Qualität) anzugeben. Sie wußten nicht, ob es sich im Einzelfalle um einen Käufer oder Nichtkäufer handelte.

Item	$\bar{x}_1$ tats. Käufer (n=510)	tats. Nicht-käufer (n=510)	Diffe-renz $\bar{x}_1$	$\bar{x}_2$ verm. Käufer (n=318)	verm. Nicht-käufer (n=702)	Diffe-renz $\bar{x}_2$	tats. Käufer (n=510) ./. verm. Käufer (n=318) Differenz $\bar{x}_3$	tats. Nichtkäufer (n=510) ./. verm. Nichtkäufer (n=702) Differenz $\bar{x}_4$
amüsant	3,06	2,25	$+0,81^{++}_{oo}$	3,33	2,34	$+0,99^{++}_{oo}$	$-0,27^{+}_{oo}$	-0,09
stimulierend	2,49	2,07	$+0,42^{++}_{oo}$	2,94	1,98	$+0,96^{++}_{oo}$	$-0,45^{++}_{oo}$	+0,09
angenehm	2,69	2,21	$+0,48^{++}_{oo}$	3,26	2,09	$+1,17^{++}_{oo}$	$-0,57^{++}_{oo}$	+0,12
erregend	2,18	1,77	$+0,41^{++}_{oo}$	2,48	1,74	$+0,74^{++}_{oo}$	$-0,30^{+}_{oo}$	+0,03
erfreulich	2,86	2,19	$+0,67^{++}_{oo}$	3,36	2,15	$+1,21^{++}_{oo}$	$-0,50^{++}_{oo}$	-0,04
begeisternd	2,20	1,73	$+0,47^{++}_{oo}$	2,70	1,63	$+1,07^{++}_{oo}$	$-0,50^{++}_{oo}$	+0,10
Interesse	3,08	2,68	$+0,40^{++}_{oo}$	3,70	2,51	$+1,19^{++}_{oo}$	$-0,62^{++}_{oo}$	$+0,17^{++}_{o}$
Langeweile	1,52	1,92	$-0,40^{++}_{oo}$	0,97	2,06	$-1,09^{++}_{oo}$	$+0,55^{++}_{oo}$	-0,14
Überraschung	2,63	2,38	$+0,25^{+}_{oo}$	2,83	2,36	$+0,47^{++}_{oo}$	$-0,20^{+}$	+0,02
Verwunderung	2,49	2,53	-0,04	2,50	2,52	$-0,02^{++}_{oo}$	-0,01	+0,01
Neugier	2,90	2,61	$+0,29_{oo}$	3,32	2,50	$+0,82^{++}_{oo}$	$-0,42^{++}_{oo}$	+0,11
Gleichgültigkeit	1,60	1,89	$-0,29^{++}_{oo}$	0,90	2,13	$-1,23^{++}_{oo}$	$+0,70^{++}_{oo}$	-0,24
Ärger	0,86	0,97	-0,11	0,49	1,10	$-0,61^{++}_{oo}$	$+0,37^{++}_{oo}$	-0,13
Begeisterung	2,04	1,61	$+0,43^{++}_{oo}$	2,58	1,49	$+1,09^{++}_{oo}$	$-0,54^{++}_{oo}$	+0,12
Freude	2,43	1,78	$+0,65^{++}_{oo}$	2,95	1,72	$+1,23^{++}_{oo}$	$-0,52^{++}_{oo}$	+0,06
Heiterkeit	2,86	2,02	$+0,84^{++}_{oo}$	3,35	2,03	$+1,32^{++}_{oo}$	$-0,49^{++}_{oo}$	-0,01
Bedenken	2,18	2,60	$-0,42^{++}_{oo}$	1,47	2,81	$-1,34^{++}_{oo}$	$+0,71^{++}_{oo}$	$-0,21_{o}$

+ = signifikant $\alpha < 0,05$
++ = signifikant $\alpha < 0,01$ $\quad \chi^2-$ Test

o = signifikant $\alpha < 0,05$
oo = signifikant $\alpha < 0,01$ $\quad$ t - Test

Fremdeinschätzung (Mimik): Tatsächliche und vermeintliche Käufer bzw. Nichtkäufer

Die t- und χ^2-Tests zeigen, daß außer bei "Verwunderung" und "Ärger" die tatsächlichen Käufer emotionalisierter wahrgenommen werden als die tatsächlichen Nichtkäufer. Es zeigt sich also, daß die Mimik ein geeigneter Indikator ist, um zwischen Kauf und Nichtkauf zu differenzieren.

Da die Beurteiler nach jeder Filmsequenz angeben sollten, ob es sich bei den gezeigten Personen nach ihrer Meinung um Käufer bzw. Nichtkäufer gehandelt hatte, erhielt man die Gruppen der vermeintlichen Käufer und der vermeintlichen Nichtkäufer. Von den 1020 Beobachterurteilen entfielen 318 auf vermeintliche Käufer und 702 auf vermeintliche Nichtkäufer. Auf allen Items wurden die vermeintlichen Käufer signifikant emotionalisierter eingestuft als die vermeintlichen Nichtkäufer.

Es fällt auf, daß die vermeintlichen Käufer sich stärker von den vermeintlichen Nichtkäufern unterscheiden, als die tatsächlichen Käufer von den tatsächlichen Nichtkäufern. Vergleicht man deshalb zur weiteren Interpretation auch die tatsächlichen Käufer mit den vermeintlichen Käufern, sowie die tatsächlichen Nichtkäufer mit den vermeintlichen Nichtkäufern, so sieht man folgendes: Während zwischen tatsächlichen Nichtkäufern und vermeintlichen Nichtkäufern kaum ein signifikanter Unterschied feststellbar ist, werden vermeintliche Käufer emotionalisierter eingeschätzt als sie es tatsächlich sind.

Das erklärt wohl auch, weshalb es schwierig ist, Kaufprognosen aus der beobachteten Mimik abzuleiten. Man hat das Problem, richtige Einzelurteile zu gewichten und zu einem folgerichtigen Gesamturteil zu verdichten. Offensichtlich fehlen vor allem prägnante Vorstellungen über Emotionsstärke und Emotionsqualität, die einen Käufer kennzeichnen. Trotzdem ist es möglich, Käufern und Nichtkäufern signifikant unterschiedliche Emotionen im einzelnen zuzuordnen.

Die Ergebnisse zur Fremdeinschätzung lassen sich wie folgt zusammenfassen:

- Tatsächliche Käufer werden signifikant aktivierter beurteilt als tatsächliche Nichtkäufer.

- Vermeintliche Käufer werden signifikant aktivierter beurteilt als vermeintliche Nichtkäufer.

- Vermeintliche Käufer werden signifikant aktivierter beurteilt als tatsächliche Käufer.

- Vermeintliche Nichtkäufer und tatsächliche Nichtkäufer werden (außer hinsichtlich "Interesse") gleich beurteilt.

Beim abschließenden Vergleich der Fremdeinschätzung mit der Selbsteinschätzung geht es darum, ob Impulskäufer ihr emotionales Verhalten so wahrnehmen, wie sie anhand der Mimik von der Umwelt eingeschätzt werden. Zu diesem Zweck wurde itemspezifisch die Selbsteinschätzung mit der Fremdeinschätzung korreliert. Für die Selbsteinschätzung wurde der Wert herangezogen, den die gefilmten Personen im Interview auf den entsprechenden Items angegeben hatten. Für die Fremdeinschätzung wurde das arithmetische Mittel der 35 Beurteiler gewählt. Die Korrelationen lagen zwischen 0,23 und 0,55. Man sieht, daß Selbst- und Fremdeinschätzung bei manchen Items einander ähneln. In Anbetracht der methodischen Probleme müssen diese Ergebnisse zurückhaltend interpretiert werden.

Eine weitere Analyse der Daten, die hier nicht vertieft werden soll, zeigt, daß die Selbsteinschätzung bei Items zur Emotionsrichtung und die Fremdeinschätzung bei Items zur Emotionsstärke tendenziell dominieren. Offensichtlich gibt es itemspezifische Unterschiede zwischen Fremd- und Selbsteinschätzung, d.h., daß verbale und motorische Indikatoren zur Erfassung von Emotionsdimensionen unterschiedlich geeignet sein können.

Die Ergebnisse zur <u>kognitiven</u> Informationsverarbeitung bestätigen einen signifikanten ($\alpha < 0,05$) Zusammenhang zwischen der getroffenen Kaufentscheidung und den beteiligten Kognitionen über Verwendungszwecke der Objekte. Allerdings sind die Zusammenhänge relativ schwach ($\phi_{korr} < 0,3$), so daß von einer geringen gedanklichen Steuerung der Käufe durch Verwendungszwecke gesprochen werden kann. Der signifikante Einfluß des Preises wurde von den meisten Käufern als "weniger interessant" bewertet.

Diese Wertung des kognitiven Engagements der Käufer wird gestützt durch die Interpretation des emotionalen Engagements, das zu Kontrollzwecken auch <u>global</u> erfaßt wurde und wesentlich stärker ($\phi_{korr} > 0,6$) den Kauf erklärte. Bei der Interpretation dieser Ergebnisse muß zusätzlich berücksichtigt werden, daß eine nachträgliche <u>Rechtfertigung</u> des Kaufes erfolgen konnte, wozu die Antwortvorgaben vielleicht geradezu herausforderten.

Zusammenfassung der Ergebnisse

Die wesentlichsten Ergebnisse der Studie lassen sich wie folgt zusammenfassen:

- Die Käufer schätzen sich selbst emotionalisierter ein als Nichtkäufer.

- Die Käufer unterscheiden sich in ihrer Mimik signifikant von Nichtkäufern.

- Vermeintliche Käufer werden aktivierter eingeschätzt als tatsächliche Käufer.

- Zwischen der Selbsteinschätzung und Fremdeinschätzung bestehen Gemeinsamkeiten. Bei Items zur Ermittlung der Emotionsstärke dominiert die Fremdeinschätzung, bei denen zur Emotionsrichtung die Selbsteinschätzung.

- Kognitive Prozesse der Informationsverarbeitung sind an der Kaufentscheidung beteiligt, jedoch ist ihr Einfluß geringer als das emotionale Engagement, trotz der Möglichkeit zur nachträglichen Rechtfertigung des Kaufverhaltens.

Die Daten erheben keinen Anspruch auf Repräsentativität. Es handelt sich um methodisch orientierte Tests um zu prüfen, ob und wie emotionale Kaufentscheidungen erfaßt werden können.

Das gewählte Forschungsdesign, insbesondere die Selbsteinschätzung emotionalen Verhaltens und die Fremdeinschätzung der Mimik von Testpersonen, rückt die Validitätsprüfung in den Mittelpunkt. Das Gültigkeitsproblem wurde in formaler und inhaltlicher Hinsicht mehrfach berücksichtigt:

- Bei der Fremd- und Selbsteinschätzung ließen sich identische Faktorenstrukturen finden.

- Die gefundenen Faktoren bestätigen den empirischen Kenntnisstand in mehrfacher Hinsicht, zum einen hinsichtlich der Differenzierbarkeit zwischen Stärke, Richtung und Qualität von Emotionen, zum anderen hinsichtlich bekannter Emotionskategorien und Emotionsdimensionen aus Untersuchungen zur "Gesichtssprache" von Menschen. Darüber wurde ausführlich berichtet.

Im Rahmen einer Ergänzungsstudie wurde 1980 die <u>Reliabilität</u> des verwendeten Meßinstrumentariums getestet. Dazu wurden mehrere Filmausschnitte von Käufern und Nichtkäufern einer Reihe von Versuchspersonen zweimal innerhalb mehrerer Wochen zur Beurteilung vorgeführt. Die Überprüfung der Zuverlässigkeit erfolgte mittels verschiedener Reliabilitätstests.

Zum Test-Retest-Vergleich wurden Maßkorrelationen nach Pearson errechnet, und die ermittelten Koeffizienten lagen zwischen 0,52 und 0,71. Die varianzanalytischen Reliabilitätsmaße zeigten, daß alle verwendeten Skalen zuverlässig messen. Für die Skalen zur Ermittlung der Emotionsrichtung konnte die beste Meßgenauigkeit nachgewiesen werden.

Die Tests bestätigen, daß es sowohl mittels Fremd- als auch Selbsteinschätzung möglich ist, zwischen der Stärke, Richtung und verschiedenen Qualitäten emotionalisierter Käufer zu unterscheiden. Außerdem wurden die Käufer signifikant erfreuter, amüsierter, belustigter, erregter, stimulierter und aktivierter beurteilt als Nichtkäufer.

4.3 Wirkung von Displaymaterial
4.3.1 Verbraucher-Promotions und Umweltpsychologie

Unter Verkaufsförderung (Sales Promotions) versteht man einen Sammelbegriff für absatzstimulierende Aktivitäten (vgl. z.B. Nieschlag et al., 1985, S. 487 f.). Darunter fallen Maßnahmen, die

- Absatzmittler oder Absatzhelfer betreffen (Händler- und Außendienst-Promotions) sowie

- Letztverbraucher ansprechen sollen (Verbraucher-Promotions).

Verbraucher-Promotions können zum Marketing-Mix gezählt werden, von dem der Erfolg eines Produktes abhängt (vgl. Kellner, 1982, S. 14). Dann versteht man darunter alle Maßnahmen, die das Marketing im Geschäft erfolgreich verstärken, d.h., das Produkt mit einem zusätzlichen und sofortigen Kaufgrund ausstatten. Wirksame Promotions beeinflussen also die Kaufentscheidung der Konsumenten dahingehend, daß der Umsatz kurzfristig gesteigert wird.

Nieschlag et al. (1985, S. 488) unterscheiden zwischen folgenden Maßnahmen der Verbraucher-Promotions, um Kaufanreize zu schaffen:

- Gewinnspiele bzw. Preisausschreiben
- Preisnachlässe (z.B. Einführungspreise oder Treuerabatte)
- Gratisproben oder Gutscheine
- Angebot einer Warenrücknahme beim Kauf neuer Produkte
- "Self Liquidating Offers" (z.B. attraktive Zugaben zu kostendeckenden Preisen)

Zu den wichtigen Händler-Promotions gehören sog. "Merchandising-Maßnahmen". Dazu zählt die besondere Plazierung und Hervorhebung des geförderten Produktes am Verkaufsort, z.B. durch Displays, um die es in diesem Kapitel geht. Derartige Maßnahmen gelten als besonders umsatzwirksam und werfen in der Regel keine rechtlichen Probleme auf.

Man sollte versuchen, Ziele und Maßnahmen der Verkaufsförderung mit der übergeordneten Kommunikationspolitik abzustimmen, was in der Praxis häufig vernachlässigt wird. Erst dann werden die geplanten "Pull- und Pusheffekte" auch tatsächlich realisiert.

Verbraucher-Promotions vermitteln aus umweltpsychologischer Sicht besondere Erlebnisqualitäten, wenn der Einkauf als ein Ereignis wahrgenommen wird, das Spaß macht. In Zeiten zunehmenden Wohlstandes und gesättigter Märkte stellt der "sensualistische Konsument" besondere Anforderungen an erlebnisbetonte Maßnahmen der Verkaufsförderung.

Die Umweltpsychologie ist keine eindeutig abgrenzbare Theorie. Sie untersucht die Beziehungen zwischen dem Menschen und der von ihm geschaffenen Umwelt, sie entwickelt dazu adäquate Methoden und wählt einen interdisziplinären Forschungsansatz. Zum Verständis des "Umweltmenschen" bedarf es elementarer Annahmen über seine Beziehungen zur Umwelt (vgl. Winkel, 1977, S. 26 f.):

- Die Umwelt wird vom Individuum einheitlich erlebt.
- Umwelteinflüsse und Verhalten bedingen sich gegenseitig.
- Die Umwelt wirkt sich häufig unterhalb der Bewußtseinsebene aus.

- Die Umwelt wird als eine Anordnung von subjektiven Vor-
  stellungsbildern wahrgenommen.
- Die Umwelt hat Symbolwert.

Vor diesem Hintergrund wird verständlich, daß Mehrabian
(1978, S. 224 f.) Läden unter der Überschrift "Spielumwel-
ten" einordnet. Er geht von der Alltagserfahrung aus, daß
Einkaufserlebnisse vielerlei an Unterhaltungswert bieten, so
z.B. den Kontakt mit Ladenbesitzern, lustbetonte und erre-
gende Auslagen, abwechslungsreiche Warenpräsentationen, Wie-
dersehen mit Nachbarn und Bekannten sowie die Möglichkeit
zur Befriedigung von Kommunikationsbedürfnissen.

Einkaufserlebnisse lassen sich auf psychischen Dimensionen
wie Erregung, Lust und Dominanz beschreiben und messen,
wobei der Erregung im Hinblick auf Kaufentscheidungen die
besondere Bedeutung zukommt. Mehrabian (1978, S. 230) ver-
tritt die Meinung, daß Menschen umso eher einkaufen, um ihr
Erregungs- und Lustniveau zu erhöhen, je trister ihre Wohn-
und Arbeitsumwelt ist. Das Einkaufen in exklusiven Geschäften erhöhe das Dominanzstreben und fördere in Verbindung mit
der erwähnten Einkaufslust soziale Interaktionen beim Einkauf.

Donovan und Rossiter (1982) haben empirisch belegt, daß die
Ladenatmosphäre weniger die Wahl des Ladens und die Ge-
schäftstreue beeinflußt, sondern vor allem das Verhalten im
Laden. So bestimmt das empfundene Vergnügen am stärksten,
wie lange man im Laden bleibt und ob Impulskäufe getätigt
werden. Die beiden Gefühlsdimensionen Erregung und Lust bzw.
Vergnügen erwiesen sich also als brauchbare Prädiktoren, ob
angenehme Einkaufserlebnisse vermittelt wurden, die das Ein-
kaufsverhalten maßgeblich beeinflussen (zu Strategien der

Erlebnisvermittlung im Einzelhandel vgl. Weinberg, 1986).

Damit kommt den Verbraucher-Promotions auch die Aufgabe zu, emotionale Einkaufserlebnisse zu vermitteln. Der wahrgenommene Kaufgrund entscheidet dann nicht mehr allein über die Qualität der Verkaufsförderung, sondern gemeinsam mit dem zusätzlich vermittelten Einkaufserlebnis. Damit wird die emotionale Bewertung von Maßnahmen der Verbraucher-Promotions durch die Konsumenten zu einer wesentlichen Aufgabe der Marktforschung und zu einem Steuerungsinstrument für das Marketing-Mix. Dieses Marketingverständnis erklärt auch, weshalb in zunehmendem Maße die Planung von Verkaufsförderungsaktionen durch umfangreiche Pretests abgesichert wird.

4.3.2 Verkaufsförderung mittels Displays

Unter Displays versteht man Instrumente der Verkaufsförderung, um wirkungsvolle Informationen über Produkte oder Dienstleistungen zu vermitteln, ihre Präsentation am Verkaufsort zu unterstützen und den Verkauf zu stimulieren (vgl. Großklaus, 1982, S. 65 f.). In der Praxis kennt man verschiedene Arten von Displays, beispielsweise:

- Fensterkleber
- Fußbodenkleber
- Türkleber
- Regalstopper
- Regaleinsätze
- Thekendisplays
- Kassendisplays
- Verkaufsständer (z.B. Truhen)
- Zweitplazierungsregale

- Deckendisplays
- Gondelkopfeinsätze (auch an Truhen)
- Palettendisplays
- Regalvorhänger
- Schütten
- Kassenständer

Die Hauptaufgabe des Displays ist die Forcierung des Abverkaufs am Verkaufsort. Damit wirken Displays flankierend zur klassischen Werbung. Ihnen wird aber eine relativ kurze Wirkungsdauer nachgesagt, da sie vor allem Impulskäufe stimulieren. Großklaus (1982, S. 66) berichtet von amerikanischen Studien, nach denen

- 82% der Kunden das Display beachten,
- 45% der Kaufentscheidungen durch Displays "verursacht" werden und
- 34% aller Impulskäufe aus Display-Anstößen resultieren.

Die werbliche Präsentation der Produkte bzw. Dienstleistungen am Ort des Verkaufs wird heute von der Mehrzahl der Hersteller verfolgt. Das hat häufig zur Folge, daß der Handel von einer Flut von Displays geradezu überschwemmt wird. Für den verkaufsfördernden Hersteller besteht dann die Gefahr, daß sein Displaymaterial nicht oder zweckentfremdet vom Handel eingesetzt wird.

Deshalb müssen Displays vorab getestet werden, inwieweit sie Kaufmotivationen unterstützen oder auslösen und unter welchen Bedingungen ihr Einsatz verkaufswirksam möglich ist. Nur dann lassen sich Desinteresse oder Widerstand im Handel gegen gezielte Displayaktionen abbauen.

Im Prinzip wird die Bedeutung von Displays vom Handel nicht verkannt. Befragungen zeigen, daß etwa 75% der Händler ausgewählte Displays für wirkungsvoll halten, sowohl im Hinblick auf die Kaufstimulierung der Konsumenten als auch zur Pflege des Geschäftsimages (vgl. Döppner, 1977, S. 129).

Was für die Verbraucher-Promotions im allgemeinen gilt, trifft für Displays im besonderen zu: Vermittlung emotionaler Einkaufserlebnisse. Eine umfassende erlebnisbetonte Marketingstrategie zielt darauf ab, nicht nur das Produkt, sondern auch dessen Präsentation am Ort des Verkaufs für den Konsumenten zu einem Erlebniswert zu machen. Die von Kroeber-Riel (1984) entwickelten Thesen zu einem erlebnisbetonten Produktdesign lassen sich sinngemäß für Displaydesigns formulieren:

- Displaydesign ist Teil der Umweltgestaltung.
- Das Streben nach Funktionalität und Schönheit birgt die Gefahr in sich, langweilige und austauschbare Konzepte hervorzubringen.
- Erlebnisbetonte Designs sind in der Lage, Präferenzen zu schaffen und Kaufimpulse auszulösen.
- Ein erlebnisbetontes Design spricht die Sinne des Konsumenten an und sollte sie auf den produktspezifischen Erlebniswert lenken.
- Der Trend zum erlebnisbetonten Konsum verstärkt die Forderung nach einem erlebnisbetonten Design.

Displays wie Truhen, Gondeln etc. erfüllen diese Anforderungen am ehesten, wenn sie in die produktspezifische Erlebniswertvermittlung eingebettet und vom Konsumenten als Bestandteile seines Einkaufs mehr oder weniger bewußt erlebt werden.

4.3.3 Ein empirischer Text

Problemstellung

Im Jahre 1984 fand im Rahmen der bereits erwähnten Zusammen-
arbeit zwischen der Langnese-Iglo GmbH in Hamburg und dem
Lehrstuhl für Absatz-, Konsum- und Verhaltensforschung der
Paderborner Universität ein Eistruhentest statt (Ein ver-
gleichbarer Test einer Promotionskampagne im ostwestfäli-
schen Einzelhandel wurde 1986 in Zusammenarbeit mit der Mars
GmbH in Viersen durchgeführt. Dabei ging es um einzelne
Displaystimuli für Schokoriegel.). Die Erhebung des empirischen Materials erfolgte an vier Tagen im Juni 1984 in
Filialen der Coop im Rhein-Main-Gebiet durch die A.C. Niel-
sen Company GmbH.

Insgesamt wurden 500 Konsumenten beobachtet und befragt, die
die Eistruhen wahrnahmen, unabhängig davon, ob sie Eis kauf-
ten oder nicht. Die Erhebung war gekoppelt mit einem kon-
trollierten Markttest, um die Absatzwirkung einzelner Truhen
festzustellen. Insgesamt waren fünf Varianten von Eistruhen
am Test beteiligt.

Erfaßt wurden Konsumenten ab 8 Jahren, und zwar 75% weibli-
che und 25% männliche Testpersonen. Die Altersklasse 21 - 35
Jahre wurde am stärksten berücksichtigt, gefolgt von den
Altersklassen 36 - 50 und 11 - 20 Jahre.

Ziel des Eistruhentests war es zu prüfen, inwieweit die
Truhengestaltung einen signifikanten Einfluß auf die Umsatz-
höhe hat. Dabei kann die Truhengestaltung das Kaufverhalten
in zweifacher Hinsicht beeinflussen:

- als Auslöser für vorher nicht geplante Käufe und
- als Auslöser für Mehrkäufe.

Folgende Erklärungsvariablen bildeten das Testdesign:

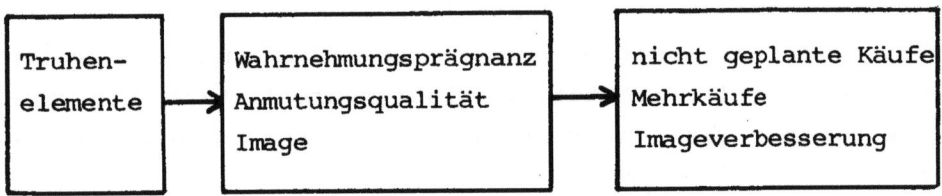

| Truhen-elemente | Wahrnehmungsprägnanz Anmutungsqualität Image | nicht geplante Käufe Mehrkäufe Imageverbesserung |

Beobachtung

Die von Mitarbeitern des Paderborner Lehrstuhls geschulten
Interviewer der A.C. Nielsen Company hatten die Aufgabe,
u.a. folgendes zu beobachten:

1. Wann wurden die Truhen wahrgenommen? Die Antworten gaben
   Hinweise auf die Wahrnehmungsprägnanz einzelner Truhenelemente.

2. Wie lange wurden die Truhen betrachtet? Auch diese Antworten dienten der Analyse der Wahrnehmungsprägnanz.

3. Mit welcher Mimik wurden die Truhen wahrgenommen, und
   welche Mimik überwog bei der Produktauswahl? Dazu gab es
   die Unterscheidung zwischen
   - erfreut
   - überrascht
   - gleichgültig
   - mehrdeutig

Die Einschätzung der Gesichter der Verbraucher durch die Interviewer erfolgte global, nachdem die Erfassung der Mimik anhand standardisierter Vorlagen eingeübt worden war. Insbesondere bedurfte es einer sorgfältigen Auswahl der Standorte, von denen aus die Verbraucher vergleichbar an den Eistruhen beobachtet werden konnten. Ziel der Beobachtung war die Analyse der durch Truhenelemente ausgelösten Emotionen.

Befragung

Bei der Befragung ging es zunächst um die Einordnung der Eiskäufer in die Typologie impulsiven Kaufverhaltens, worüber unter 4.1.3 bereits berichtet wurde. Sodann sollte geprüft werden, ob Käufergruppen hinsichtlich ihrer Mimik segmentierbar sind. Um ein wichtiges Ergebnis zu wiederholen: Klassische Impulskäufer zeichnen sich durch Emotionen aus, die der Beobachtung zugänglich sind. Durch Beobachtung der Mimik kann man also am Einkauf beteiligte Emotionen erfassen, was wiederholt bestätigt wurde.

Die Truhenwirkung im Sinne der Aufgabenstellung wurde u.a. durch folgende Fragen erfaßt:

- Wahrnehmungsprägnanz: Ermittlung der Entfernung, aus der eine Truhe gesehen wurde. Die Ergebnisse konnten mit denen aus der Beobachtung validiert werden.

- Anmutungsqualität: Die Befragten sollten auf einer Ratingskala spontan zeigen, wie sehr ihnen die jeweilige Truhe gefiel.

- Truhenimage: Dazu wurden auf einpoligen Ratingskalen insgesamt 10 Aussagen vorgegeben, die die emotionale und kognitive Einschätzung der Truhenalternativen ausdrücken.

Unabhängige Variablen waren also der Geschäftstyp, die Testperiode sowie die Truhenmerkmale, abhängige Variablen die Wahrnehmungsprägnanz, die Anmutungsqualität und das Truhenimage, von denen der Umsatz (neu oder zusätzlich) abhing.

Ergebnisse

Die wesentlichsten Ergebnisse lassen sich aus übergeordneter Sicht nach den untersuchten psychischen Prozessen gliedern, die beobachtet und erfragt wurden.

Die Wahrnehmungsprägnanz der Konsumenten im Geschäft (Käufer und Nichtkäufer) wurde im Rahmen der Beobachtung mittels der Variablen "wahrgenommene Distanz zur Truhe" und "geschätzte Betrachtungsdauer" gemessen. Dabei handelte es sich um Fremdeinschätzungen durch die Interviewer. Zusätzlich wurde die wahrgenommene Distanz zur Truhe auch erfragt (Selbsteinschätzung der Befragten).

Die Ergebnisse zeigen, daß einzelnen Eistruhen eine unterschiedliche Aufmerksamkeit zukommt. Sie leisten damit bei hohem Aufmerksamkeitswert einen wichtigen Beitrag zum Vorverkauf der Produkte im Sinne der Anforderungen an gutes Displaymaterial. Der Vergleich von Beobachtungs- mit Befragungswerten unterstreicht die Gültigkeit der Ergebnisse.

Die Mimik der Verbraucher wurde bei der Truhenwahrnehmung

und bei der Produktauswahl beobachtet. Dabei zeigte sich,
daß nur sehr wenige Verbraucher von einer der Truhenalternativen sichtbar überrascht waren.

Anders bei der Emotion Freude: Bei der Truhenwahrnehmung
spielte diese Emotion nur bei einer altbekannten Truhe, die
als Kontrolltruhe diente, keine Rolle. Die übrigen Truhen
lösten mimische Reaktionen aus. Bei der Produktauswahl aus
der alten Truhe waren hingegen mehr Verbraucher "erfreut",
als bei Käufen aus anderen Truhen.

Der hohe Anteil mehrdeutiger Gesichter verweist auf zwei
Probleme:

- Die nonverbale Erfassung der Wirkung von Displaymaterial
  erfordert starke Stimuli, die zu prägnanten Emotionsäuße-
  rungen führen. Offensichtlich weisen nicht alle Gestal-
  tungsalternativen diese Reizstärke auf.

- Störeinflüsse bei der Erfassung der Mimik am "point of
  sales" wie Kopf- und Körperhaltung, Einkaufsgeschwindig-
  keit und Beobachtungsstandort können die Beobachter verunsichern und vorsichtige Antworten nahelegen.

Hinsichtlich der Anmutungsqualität erzielten alle Truhenalternativen bessere Werte als die Vergleichstruhe. Offensichtlich lösen Gewöhnungsprozesse auch das Gefühl der
Langeweile aus.

Die Kontingenzanalyse mittels des Kontingenzkoeffizienten C
wies positive Beziehungen zwischen der Anmutungsqualität von
Truhen und der Packungsgröße von Eis auf. Bei den meisten
Truhenalternativen dominierten Kleinpackungen von Eis.

Hinsichtlich des Truhenimages bestätigte die Faktorenanalyse
ein bekanntes Ergebnis: Es lassen sich eine rational-funk-
tionale und eine emotionale Beurteilungsdimension unterscheiden. Dazu tragen folgende Statements bei:

rational-funktional	emotional
Frische	Aussehen
Inhalt	Ferien
Vielfalt	Appetit
Übersichtlichkeit	kaufanregend
Erreichbarkeit	Gefälligkeit

Ein Vergleich der Truhenimages fällt schwer, da die experimentellen Alternativen zwar unterschiedlich, jedoch durchweg
positiv beurteilt wurden. Insbesondere erhielten die Statements zur funktionalen Dimension sehr hohe Zustimmungswerte.

Implikationen

Erstmals wurde die Verkaufswirkung von Displays mittels
Beobachtung und Befragung untersucht. Die Beobachtung diente
dem besonderen Ziel, die durch die Eistruhen ausgelösten
Emotionen zu erfassen. Bei der Befragung ging es vor allem
um die Unterscheidung zwischen Eiskäufertypen, insbesondere
zwischen verschiedenen Impulskäufern. Zentrale Erklärungsvariablen waren die Wahrnehmungsprägnanz, die Anmutungsqualität und das Image einzelner Eistruhenalternativen.

Die Ergebnisse legen die Interpretation nahe, daß nicht die
Displays als ganzes mehr oder weniger verkaufswirksam sind,
sondern einzelne Elemente. Dazu zählen vor allem: Form und
Farbe, Markenzeichen, Produktabbildungen, Preistafeln u.a.m.
Es handelt sich um solche Stimuli, die im Rahmen der Werbung kommuniziert werden, den Konsumenten im Handel bekannt
und mit positiven Emotionen bereits besetzt sind. Die Anmutungsqualität und Wahrnehmungsprägnanz solcher Gestaltungselemente läßt sich tachistoskopisch untersuchen.

Promotions-Maßnahmen wirken nicht frei vom Produkt und von
ihrer räumlichen Einbettung im Einzelhandel. Es geht darum,
alle Stimuli (wie Produkt, Verpackung und Standort) so aufeinander abzustimmen, daß dem Konsumenten ein prägnanter und
konsistenter Erlebniswert vermittelt wird, der auch beim
Einkauf dominiert. Dazu empfiehlt sich folgendes Vorgehen:

- Auswahl der Gestaltungselemente für Displays aus der
  übergeordneten Kommunikationsstrategie.

- Untersuchung des Beitrages dieser Elemente zum Erlebniswert des Produktes in der Einkaufsstätte.

- Vorgabe der verkaufswirksamen Gestaltungselemente für die
  Displayhersteller im Sinne einer effizienzorientierten
  Kreativitätssteuerung.

Weiterhin hat dieser Test gezeigt, daß Displaymaterial nicht
nur produktbezogen und erlebniswertorientiert sein muß,
sondern auch handelsgerecht. Dazu bedarf es der Kooperation
mit den Handelspartnern über Möglichkeiten der Abstimmung
der Gestaltung mit dem Ladenbild, der Käuferstruktur und der
regionalen Marktsituation. Besonders sogenannte "Permanent-

displays", die dem Zweck einer dauerhaften Hervorhebung und Kennzeichnung eines Platzes innerhalb der Ladenverkaufsfläche dienen, erfordern die ausdrückliche Akzeptanz durch den Handel.

Der Test hat auch gezeigt, daß die nonverbale Erfassung der Marktkommunikation wesentlich zur Analyse der Displaywirkung beitragen kann. Das gilt vor allem dann, wenn die nonverbalen Signale, die das Displaymaterial auslöst, dem Befragten nicht bewußt werden. So erhält man Informationen über am Einkauf beteiligte Emotionen, und eben diese Emotionen beeinflussen die Kaufentscheidung.

Für geschulte Interviewer bereitet es keine Schwierigkeiten, diese besondere Form der Beobachtung zu erlernen. Die Analyse beschränkt sich ohnehin auf wenige, positive Emotionen. Grenzen der Beobachtbarkeit setzen die Dynamik der Einkaufssituation, die Geschwindigkeit des Einkaufs sowie die am Einkauf beteiligten Gefühlsmischungen. Die Analyse der Gesichts- und Körpersprache in der Kaufsituation bedarf also einer gründlichen und am Einzelfall ausgerichteten Vorbereitung.

Die zuletzt erwähnten Restriktionen bei der Beurteilung von Promotions zeigen auch, wie wichtig es ist, standardisierte Notationssysteme zur Beobachtung der nonverbalen Marktkommunikation zu entwickeln. Ansätze dazu bietet das 2. Kapitel.

5.   Emotionale Werbung
5.1   Werbewissenschaftliche Grundlagen
5.1.1   Nonverbale Signalsysteme in der Werbung

Besonders durch die Zunahme ausgereifter und gesättigter
Märkte kommt der emotionalen Beeinflussung der Konsumenten
durch die Werbung eine wachsende Bedeutung zu. Das geschieht
durch die Gestaltung von Werbemitteln nach sozialwissen-
schaftlichen Erkenntnissen. Die moderne Werbepraxis kennt
eine Vielzahl erprobter Sozialtechniken (vgl. Kroeber-Riel
und Meyer-Hentschel, 1982, S. 49 f.).

In den meisten Strategien zur emotionalen Beeinflussung
werden Emotionen visuell kommuniziert. Man weiß nämlich, daß
die bildliche im Vergleich zur textlichen Informationsaufnahme und -verarbeitung wesentliche Vorteile aufweist:

- Bilder können stärker emotionalisieren als Texte.
- Bilder können mehr als Texte aussagen und komplexer wirken.
- Bilder werden in der Regel vor Texten betrachtet, dann
  besser gelernt und auch länger behalten.

Die Darstellung von Emotionen in der Werbung konzentriert
sich in der Regel auf Situationen, in denen Menschen handeln
und gemeinsam mit einem Produkt oder einer Dienstleistung
dargestellt werden. Die Werbeaussage läßt sich dann in nonverbale Signalsysteme einerseits und verbal übermittelte
Informationen andererseits zerlegen.

Für die Werbegestaltung ist es wichtig, ein Entsprechungsverhältnis zwischen emotionalen und informativen Werbeappel-
len aufzubauen. Die Art und die Stärke der dargestellten
Emotionen müssen im Hinblick auf die durch die Argumentatio-

nen aufgezeigten Verhaltensmöglichkeiten als kongruent empfunden werden. Mit anderen Worten: Die durch nonverbale
Signalsysteme präsentierten Emotionen müssen mit den verbal
und bildlich übermittelten Informationen einen konsistenten
und glaubwürdigen Gesamteindruck hinterlassen (vgl. Weinberg, 1983, S. 56 f.).

Der Werbegemeinte soll in die Lage versetzt werden, wahrgenommene Emotionen dem dargestellten Verhalten einleuchtend
zuzuordnen. Attributionstheoretisch geht es also darum, beim
Ausdrucksträger der Werbung die Gründe für sein emotionales
Verhalten zu erkennen. Das Erkennen dargestellter emotionaler Zustände ist ein kognitiver Vorgang beim Umworbenen.

Praktiker fordern wiederholt die "Verbesserung der Werbung
mit dem richtigen Gesicht" (so z.B. in der W & V 1982). Dazu
können verhaltenswissenschaftliche Kriterien der nonverbalen
Darstellung von Emotionen einen nützlichen Beitrag leisten,
vor allem auch deshalb, weil Gesichter im Mittelpunkt der
bildhaften Werbung stehen. Die Mimik dient dann wie ein
"Code" zur gefühlsmäßigen Interpretation der Werbung.

5.1.2 Attributionsprozesse in der Werbeforschung

Die emotionale Werbung wird in Zukunft an Bedeutung gewin-
nen. Auf gesättigten Märkten mit ausgereiften Produkten wird
es verstärkt darauf ankommen, mittels Werbung zu unterhalten
und emotional verankerte Erlebniswerte (vgl. dazu den Ab-
schnitt 4.2.1) zu vermitteln. Durch Strategien der emotionalen Konditionierung kann das Bedürfnis nach sinnlichen Pro-
dukterlebnissen gezielt befriedigt werden. Dazu dient auch
ein Kriterienkatalog für die werbliche Gestaltung von Emo-

tionen mittels nonverbaler Indikatoren, worüber im Kapitel
5.2 berichtet wird.

Bei der Darstellung von Emotionen müssen neben der Ent-
sprechung zu sprachlichen Elementen besonders Kontextein-
flüsse berücksichtigt werden. So hängt bei einer Anzeigenwerbung oder einem TV-Spot die Interpretation der dargestellten Emotionen (z.B. Freude oder Interesse) auch vom
Produkt (z.B. Genußmittel), vom Umfeld (z.B. Landschaft als
Hintergrund) ab. Mit anderen Worten: Die mittels Gesichts-
und Körpersprache dargestellten Emotionen lassen sich nur in
Abhängigkeit vom Kontext eindeutig dechiffrieren. Angaben
zur Darstellung von Mimik und Gestik liefern zwar überprüfbare, jedoch kontextabhängige Kriterien zum Ausdruck von
Emotionen. Um die Beziehungen zwischen Gesichtsausdruck,
Bildhintergrund und Text in Werbeanzeigen geht es in den
Experimentalstudien des Kapitels 5.3.

Bei Dekodierungsstudien zum mimischen Ausdruck von Gefühlen
zeigte sich wiederholt, daß Beurteiler nicht in der Lage
sind, dargestellten Gesichtsausdrücken eindeutige Emotionsqualitäten zuzuordnen (z.B. Freude oder Glück), wenn auf ein
Mimikumfeld (sei es Text oder Bild) verzichtet wird. Vorgegebene Emotionsqualitäten lassen sich häufig nur auf Klassen
ähnlicher oder sprachlich unterscheidbarer Emotionen reduzieren (z.B. Freude und Glück).

Erst der wahrgenommene Situationszusammenhang kann darüber
entscheiden, warum sogar identische Gesichter als Ausdruck
verschiedener Emotionen empfunden werden können (vgl.
Schmidt-Atzert, 1981, S. 80). Der in einer Werbeanzeige
dargebotene Gefühlsausdruck wird also erst durch die Interpretation des Betrachters zu einer bestimmten Emotion, wobei

die Anzeige in ihrer Gesamtheit der Analyse zugrunde gelegt wird. Somit erhält das gestalterische Umfeld der Werbung eine erhebliche Bedeutung, wenn es darum geht, spezifische Gefühle gezielt zu übermitteln und eindeutig interpretierbar zu präsentieren.

In den unter 5.3 folgenden Experimentalstudien werden emotionale Gesichtsausdrücke allein, zusätzlich mit Text oder Bild sowie mit Bildhintergrund und Text kombiniert dargeboten. Untersucht werden die Wirkungen der verschiedenen, zusätzlichen Kontextinformationen auf die emotionale Beurteilung von ausgewählten Mimiken, die der aktuellen Anzeigenwerbung für Konsumgüter aus Publikumszeitschriften entnommen sind.

In derartigen Kommunikationsprozessen ist die Darstellung von Personen weit verbreitet. Testimonials sollen die Aufmerksamkeit erhöhen, zur Glaubwürdigkeit der Werbeaussagen beitragen und letztlich den Werbeerfolg im gewünschten Sinne beeinflussen. Nonverbale Elemente stellen dabei eine besonders wirksame Visualisierungstechnik dar, vor allem zur Beeinflussung der Glaubwürdigkeit der Kommunikation.

Meermann (1984, S. 3) weist darauf hin, daß der Rezipient einer Werbebotschaft auch zum Beobachter sozialer Ereignisse wird, wenn menschliches Verhalten den Inhalt einer Anzeige ausmacht. Da Menschen bemüht sind, Begebenheiten des täglichen Lebens zu verstehen, werden derartige Kontextinformationen aktiv verarbeitet und interpretiert. Diese kommunikative Wechselwirkung zwischen Werbesender, Werbebotschaft und Werbeempfänger ist für das Verständnis von Attributionsprozessen grundlegend.

Gegenstand der <u>Attributionstheorie</u> ist die Wahrnehmung des eigenen und fremden Verhaltens. Die Untersuchungsobjekte der Attributionsforschung sind nicht wissenschaftliche Aussagen über Kausalbeziehungen, sondern laienhafte Kausalwahrnehmungen, wie sie im täglichen Leben häufig vorkommen. Allen attributionstheoretischen Ansätzen ist gemeinsam, empfangene Informationen als unabhängige Variablen und die gedankliche Verarbeitung dieser Informationen als abhängige Variable aufzufassen. Dazu ein Beispiel: Wird der Erlebniswert "Wohnkultur im Bad" kommuniziert, dann sind die Werbestimuli die unabhängigen Variablen und die interpretierten Emotionen wie Entspannung bzw. Wohlbehagen die abhängigen Variablen.

Man kann Attributionsprozesse auch als nachträgliche <u>Rationalisierungsprozesse</u> auffassen, um bestimmten Handlungen hinterher vernünftige Gründe zuzuordnen. Deshalb werden emotional wirkende Werbereize bei Befragungen zur Werbewirkung von beispielsweise Anzeigen auch häufig unterschätzt. Dann wird die Tendenz deutlich, psychische Vorgänge zu leugnen, die das eigene Selbstbild verletzen (vgl. Kroeber-Riel, 1984a, S. 286). Man hält eben am fiktiven Bild vom vernünftigen Menschen fest und täuscht sich über die Wirksamkeit emotionaler Werbung.

5.2 Präzisierung emotionaler Gesichtsausdrücke
5.2.1 Briefing mittels eines Kriterienkataloges

Werbeagenturen stehen täglich vor der Aufgabe, Emotionen werblich umzusetzen. Dazu gehört auch die mimische Darstellung spezieller Gefühle oder Gefühlsmischungen, beispielsweise für Erlebniswerte, die eine Werbeanzeige kommunizieren soll.

Unterstellt man, daß im Briefing ein emotionales Ausdrucksverhalten vorgegeben wird, so liegt es vor allem an der
schauspielerischen Fähigkeit des Darstellers, ob die beabsichtigte Emotion kommuniziert wird oder nicht. Deshalb soll
experimentell geprüft werden, ob bei der Beurteilung emotionaler Gesichter eine größere Übereinstimmung erreicht wird,
wenn zur Emotionsdarstellung ein Kriterienkatalog (vgl.
Weinberg, 1983, S. 56 f.) herangezogen wird.

Im Rahmen der Emotionsforschung kommt der Marktforschung
damit die Aufgabe zu, für die Werbung nonverbale Kriterien
zur Darstellung von Emotionen zu prüfen. Dabei kann folgendermaßen vorgegangen werden:

1. Experimentelle Überprüfung der Interpretation des emotionalen Ausdrucksverhaltens einzelner und kombinierter
   Signalsysteme.

2. Vergleich der Ergebnisse mit überprüften Emotionskategorien, über die die Literatur berichtet.

3. Abstimmung des nonverbalen Ausdrucksverhaltens mit der
   verbalen Werbeaussage, mit dem farblichen Design, der
   akustischen Untermalung usw.

Man erhält also überprüfbare Kriterien zur Darstellung und
Beurteilung von Emotionen. Die schauspielerische Intuition
und die werbefachliche Erfahrung werden somit in empirisch
gesicherte Befunde eingebettet, die werbliche Konzeption
wird transparenter, und die emotionale Werbeaussage läßt
sich konkreter fassen.

Der folgende Ansatz greift auf die von Ekman und Friesen
(1978) geprüften Befunde für den mimischen Ausdruck zurück
und ergänzt Beispiele zur Mimik, Gestik und Körperhaltung,
über die die Literatur berichtet.

Kriterienkatatolg zur nonverbalen Darstellung von Emotionen

Signal- systeme / Emotions- kategorien	Mimik	Gestik	Körperhaltung Körperorientierung Körperbewegung
Freude, Heiterkeit, Begeisterung	verengte Augenlider, Lachen, Mundwinkel nach oben, Nasenflügel geweitet, Mund und Zähne geöffnet	schnelle und weite Bewegungen der Hände objektgerichtete Bewegungen der Hände, Arme und Hände nach oben gestreckt	viele Kopfbewegungen, lebhafte Körperbewegungen
Traurigkeit	Augenbrauen gerunzelt bzw. gehoben, leerer Blick, Mundwinkel gesenkt	Hände nach unten verschränken, langsame Bewegungen	gebeugte Haltung wenige Bewegungen
Ärger, Wut	gerunzelte Stirn, senkrechte Stirnfalten, heruntergezogene Augenbrauen, Lippen geöffnet, Zeigen der unteren Zähne, gesenkte Unterlippe	Hände weg vom Körper bewegen, Faust bilden, vorstrecken, schütteln, mit der Faust auf den Tisch schlagen, Plazierung der Hände in den Hüften	Treten nach Gegenständen, Stampfen auf dem Boden, Abwenden des Körpers
Angst, Schmerz	hochgezogene Augenlider und Augenbrauen, geöffneter Mund nach unten, Zähne auseinander	Gesicht verdecken, Hände ineinander verschränken, an den Haaren ziehen	zitternde Bewegungen, nervöse Beinbewegungen, Fluchtbewegungen des Körpers
Überraschung, Verwunderung Erstaunen	waagerechte Stirnfalten, hochgezogene Augenbrauen, rundlich geöffneter Mund, gesenktes Kinn	Abwehrhaltung der Arme, in die Haare greifen, Wange berühren, Hand zum Mund	Aufrichten des Körpers, Innehalten in einer Bewegung
Ekel	senkrechte Stirnfalten, heruntergezogene Augenbrauen, Mundwinkel nach unten, untere Lippe vorgeschoben, Zähne zusammen	Abwehrhaltung der Hände, nach außen und oben gerichtete Handflächen, gespreizte Finger	zurückgelehnter Oberkörper, vorgepreßte Schultern
Neugier, Interesse, Aufmerksamkeit	gehobene Augenbrauen, Lächeln	Aufrichten der Hände, kreisende Gesten, Hände ineinander gesteckt, Reiben der Handflächen	Aufrichten (vorneigen) des Körpers, Bewegungen nach vorn, angespannte Körperhaltung, erhöhte Bewegungsgeschwindigkeit

5.2.2 Ein empirischer Test

Hypothesen und experimentelles Design

Im Rahmen eines empirischen Tests (betreut von Herrn Dr. Franz-Josef Konert) an der Universität Paderborn wurde an 6 Tagen im Juni 1982 ein experimentell-kategorialer Ansatz in Form eines Dekodierungsexperimentes durchgeführt (vgl. Weinberg und Konert, 1984a). Die experimentellen Stimuli waren die mittels des Kriterienkataloges dargestellten drei Emotionen:

Überraschung, Wut und Freude.

Die Emotionen sollten von Laien und nicht von Schauspielern dargestellt werden, da in der Literatur berichtet wird (vgl. Ekman, Friesen und Ellsworth, 1974, S. 27), daß tendenziell eher von einem "gestellten" Gesichtsausdruck auf einen spontanen Gesichtsausdruck geschlossen werden kann, wenn diese Emotion von untrainierten Personen präsentiert wird.

Folgende Hypothesen wurden geprüft:

Hypothese 1:
Wenn zur Emotionsdarstellung ein Kriterienkatalog herangezogen wird, dann wird bei der Beurteilung eine größere Übereinstimmung erreicht.

Hypothese 2:
Je intensiver eine Emotion ist, desto höher ist der Grad an Übereinstimmung.

Beim ersten Termin (Kontrollgruppe) wurden die Personen vom

Versuchsleiter aufgefordert, vor einer weißen Leinwand Platz zu nehmen. Er teilte ihnen nach einer gewissen Anpassungsphase mit, daß sie gleich ein bestimmtes Gefühl im Gesicht ausdrücken sollten. Vom Versuchsleiter wurde eine Story vorgelesen, die eine emotionale Deutung zuließ, welche die Teilnehmer nachempfinden und im Gesicht ausdrücken sollten:

Zur Überraschung: Stelle Dir einmal vor: Du hast in der Tageszeitung die Todesanzeige über einen guten Bekannten gelesen. Am gleichen Tag gehst Du durch die Stadt und triffst dort zu Deiner Überraschung eben diesen Bekannten.

Zur Wut: Du hast Dich intensiv auf eine sehr wichtige Klausur vorbereitet und bist sicher, den Stoff perfekt zu beherrschen. An dem Tag, an dem Du an der Klausur teilnehmen willst, stellst Du wütend fest, daß Du Dir den falschen Termin notiert hast.

Zur Freude: Stell Dir vor, Du würdest gerne in Urlaub fahren. Dir fehlt aber das nötige Geld. Plötzlich erhälst Du einen Brief und erfährst zu Deiner Begeisterung, daß Du in einem Preisausschreiben eine 14-tägige Reise gewonnen hast.

WIE DRÜCKT SICH DIESES GEFÜHL IN DEINEM GESICHT AUS? BITTE ZEIGE ES JETZT, OHNE LANGE DARÜBER NACHZUDENKEN!

Im Anschluß an die Darstellung einer Emotion wurde die

Person gefragt, wie gut sie glaube, das Gefühl dargestellt zu haben.

Beim zweiten Termin (Experimentalgruppe), der einige Tage später stattfand, mußten die Enkoder dieselbe Emotion darstellen: Der Unterschied zum ersten Termin bestand darin, daß ihnen diesmal konkrete Vorgaben gegeben wurden (Kriterienkatalog), mit Hilfe welcher Mimiken das jeweilige Gefühl dargestellt werden sollte. Aus dem dargestellten Katalog wurden folgende Anweisungen ausgewählt:

Zur Überraschung: - leicht geöffneter Mund
                      - gehobene Augenbrauen
                      - aufgerissene Augen

Zur Wut: - starrer Blick
                      - zusammengekniffener Mund
                      - senkrechte Stirnfalten
                      - Augenbrauen gerunzelt

Zur Freude: - breites, geschlossenes Lächeln
                      - Augen verengt
                      - Blick verträumt

Von jeder Person wurden mehrere Fotos angefertigt, die anschließend neutrale Personen beurteilten. Sie sollten sowohl bei der Experimental- als auch bei der Kontrollgruppe das Dia auswählen, das die beabsichtigte Emotion am besten repräsentierte. Somit standen zu Beginn des Experimentes 24 Dias (4 x Freude, 4 x Überraschung, 4 x Wut für Experimental- sowie Kontrollgruppe) zur Verfügung.

Als Beobachter dienten Studenten der Universität, die von den Teilnehmern angesprochen wurden (ungeschulte Beobachter). Die Kontroll- und Experimentalgruppe (je 40) wiesen in bezug auf die folgenden Merkmale eine Gleichverteilung auf:

- Geschlecht
- subjektiv wahrgenommene Fähigkeit, Gefühle zu erkennen
- Persönlichkeitsmerkmale

Die Dauer einer Sitzung schwankte zwischen 25 und 35 Minuten. Mögliche Verständnisschwierigkeiten waren vorab in einem Pretest geklärt und beseitigt worden.

Im Anschluß an das Experiment führten die Teilnehmer eine mehrtägige Befragung mit dem Ziel durch, eine Ähnlichkeitsbeurteilung der 12 Stimuli (getrennt für Experimental- und Kontrollgruppe) anhand eines Paarvergleichs vorzunehmen. Befragt wurden 60 Personen. Es sollte geklärt werden, ob tatsächlich drei unterschiedliche Emotionen präsentiert worden waren, was durch drei homogene Segmente bestätigt werden mußte. Weiterhin interessierte, ob sich diese Segmente in den beiden Gruppen voneinander unterscheiden.

Operationalisierung der Variablen

Die Versuchspersonen hatten die Aufgabe, folgende Fragen für jedes Dia zu beantworten:

1) Beschreibe mit Deinen eigenen Worten, welches Gefühl dieses Gesicht ausdrückt!

2) Hat die gezeigte Person das Gefühl mehr oder weniger
   stark zum Ausdruck gebracht?

   sehr stark   ( ) - ( ) - ( ) - ( ) - ( )   weniger stark

   War das gezeigte Gefühl Deiner Meinung nach eher

   ( ) negativ   ( ) neutral   ( ) positiv

3) Du siehst hier nun eine Liste von Begriffen. Bitte kreuze
   einen Begriff an, der nach Deiner Meinung dem eben gezeigten Gefühl am besten entspricht!

Dia: X

---

o Fröhlichkeit (1)   o Halsstarrigkeit (8)   o Verwunderung (15)

o Glück (2)   o Verachtung (9)   o Entsetzen (16)

o Heiterkeit (3)   o Ärger (10)   o Erstaunen (17)

o Zufriedenheit (4)   o Haß (11)   o Bestürzung (18)

o Begeisterung (5)   o Entschlossenheit (12) o Furcht (19)

o Erleichterung (6)   o Verdruß (13)   o Überraschung (20)

o Freude (7)   o Wut (14)   o Schreck (21)

  (1) - (7): sprachliche Synonyma für die Kategorie
               "Freude"
  (8) - (14): sprachliche Synonyma für die Kategorie
               "Ärger"
  (15) - (21): sprachliche Synonyma für die Kategorie
               "Überraschung"

Die Versuchspersonen sollten bei Frage 3 einen Begriff an-
kreuzen. Um Lerneffekte bei der Beantwortung zu vermeiden,
wurden die Begriffe innerhalb jeder Kategorie und die Plazierung der drei Blöcke vertauscht.

Sodann sollte bei Frage 4 eine Rangordnung der Begriffe
vorgenommen werden, die dem gezeigten Gefühl am ehesten ent-
sprachen. Die Rater hatten die Möglichkeit, mindestens 1 und
maximal 5 Begriffe in die Rangordnung aufzunehmen. Wenn die
Versuchspersonen der Meinung waren, daß der unter 3) ausgewählte Begriff ausreichte, um das Gefühl zu charakterisieren, so brauchten sie diesen nur zu wiederholen.

Die unabhängige Variable des Experimentes war der Gesichtsausdruck der Darsteller in der Experimental- und Kontrollgruppe. In Abhängigkeit von den Dias, die die Rater einschätzen mußten, konnte die Einteilung in Experimental- und
Kontrollgruppe vorgenommen werden.

Die Enkoder mußten sich vorab einem kleinen Persönlichkeitstest, bestehend aus 24 Items, unterziehen. Dieser war
identisch mit dem Test, der später im Experiment den Deko-
dern vorgelegt wurde. Der Persönlichkeitstest entstand in
Anlehnung an Plutchik (1980, S. 407 f.). Es handelt sich
dabei um "The Personality Rating Scale", der eine viel kür-
zere Alternative zum EPI (Eysenck-Persönlichkeit-Inventor)
darstellt. Da der Text in englischer Sprache vorlag, mußte
er übersetzt werden, was in semantischer Hinsicht nicht
unproblematisch war.

Die faktorenanalytische Verdichtung (Modell der Hauptkom-
ponentenanalyse ohne Kommunalitäteniteration; Faktorladung

> 0,35) für die En- und Dekodierung (n=12+80) erbrachte acht
Dimensionen (Varianzaufklärung insgesamt 64%), die nun einer
sprachlichen Interpretation unterzogen wurden. Die weitere
Hypothesenprüfung erfolgte auf der Basis der Faktorwerte.

Die "Übereinstimmung" bei den Ratern wurde mehrfach operationalisiert. Da die Emotionen "Freude, Überraschung, Ärger"
über sprachliche Synonyma verfügen, konnten für jede Emotionskategorie 7 Synonyma vorgegeben werden (vgl. Schmidt-
Atzert, 1981, S. 41 f. sowie Ekman, Friesen und Ellsworth,
1974, S. 52). Es ergaben sich folgende Maße für die Übereinstimmung:

- Starke Übereinstimmung (Wert 1)
  Die Versuchsperson nennt bei der Rangordnung zu Frage 3
  nur einen Begriff, und er ist identisch mit der Kategorie,
  die auf dem Dia dargestellt wird.

- Mittlere Übereinstimmung (Wert 2)
  Die Versuchsperson nennt bei der Rangordnung mehrere Begriffe, die alle aus der Kategorie stammen, die auf dem
  Dia dargestellt wird. Wenn eine Versuchsperson den Wert 2
  zugewiesen bekam, so wurde noch zusätzlich die Summe der
  genannten Gefühle (Minimum = 2, Maximum = 5) kodiert, was
  als ein Indikator für die Stärke der mittleren Übereinstimmung interpretiert wurde.

- Keine Übereinstimmung (Wert 3)
  Die Versuchsperson nennt bei der Rangordnung wenigstens
  einen Begriff, der aus einer Kategorie stammt, die nicht
  auf dem Dia dargestellt wird.

Sodann wurden drei weitere <u>Indikatoren</u> zur Messung der <u>Übereinstimmung</u> herangezogen:

a) Prozentualer Anteil der Nennungen aus einer Kategorie

Dieses Maß wird definiert als der Quotient aus der Anzahl der Nennungen innerhalb der Kategorien und der Gesamtnennungen (ohne fehlende Werte). Die Versuchspersonen konnten bei Frage 3 einen Begriff auswählen. Wurde z.B. ein Dia aus der Kategorie "Überraschung" dargeboten, so stehen jetzt im Zähler die Versuchspersonen, die bei Frage 3 in der richtigen Kategorie angekreuzt hatten; der Nenner resultiert aus der Anzahl der gültigen Gesamtnennungen. Die Berechnung erfolgte getrennt für Experimental- und Kontrollgruppe. Die Unterschiede wurden auf Signifikanz (χ^2; $\alpha < 0,05$) geprüft.

b) Absolute Anzahl der Übereinstimmungen in Experimental- und Kontrollgruppe

Mit diesem Indikator sollte geprüft werden, ob eine von der Gleichverteilung signifikant abweichende Verteilung bei der "starken" und "mittleren" Übereinstimmung zugunsten der Experimentalgruppe besteht.

c) Prozentuale Rangnennungen zu einer Kategorie

Erfaßt wurden die geäußerten Rangplätze. Dabei konnten wegen zu geringer Fallzahlen nur die ersten drei Rangplätze berücksichtigt werden.

Zusätzlich wurden noch soziodemographische Daten und mögliche Störgrößen erhoben:

- Alter des Darstellers
- Datum der Erhebung
- Geschlecht der Darsteller und Rater
- Alter sowie Semester der Versuchspersonen
- Nummer und Reihenfolge der Dias

Die statistische Auswertung des "randomisierten Zwei-Gruppen-Experimentes" erfolgte mit Hilfe der nachstehend aufgeführten integrierten Programmsysteme:

- SPSS (Statistical Package for the Social Sciences) auf einer PRIMOS 400/500, Version M, 8
- MDS (x) Series of Multidimensional Scaling Programs auf einer Telefunken TR 440
- STATPAK (Programmpaket für einen 64K CP/M Personal-Computer)

Zur Hypothese 1:

Die Prüfung der 1. Hypothese erfolgte mittels drei einfacher Varianzanalysen. Unabhängige Variable war jeweils der dargestellte Gesichtsausdruck in Experimental- und Kontrollgruppe. Abhängige Variablen waren die übereinstimmenden Interpretationen bei freier Antwort und bei Antwortvorgabe.

In den nachfolgenden Tabellen werden die Dias vermerkt, bei denen der experimentelle Stimulus im Sinne der Hypothese einen Einfluß ausgeübt hat.

Da die Operationalisierung der Übereinstimmung mittels einer nachträglichen Transformation erfolgte, wurden die Ergebnisse mit Hilfe einer Kontingenzanalyse zusätzlich überprüft.

	Übereinstimmung gem. Frage 1	Übereinstimmung gem. Frage 4	Summe der Gefühle gem. Frage 4
Varianzanalyse[1] Im Sinne der Hypothese	Dia 02 03 10	Dia 03 04 10	Dia 05 09
Kontingenzanalyse[2] Im Sinne der Hypothese	02 03 04 10	02 03 05 09 10	09

[1] $\alpha < 0,05$ für F_{tab}

[2] χ^2; $\alpha < 0,05$ für alle C_{korr}; $0,47 < C_{korr} < 0,80$

Stärke und Richtung des Einflusses des Kriterienkataloges verdeutlicht der Modus- bzw. Medianvergleich zwischen Experimental- und Kontrollgruppe für die ausgewählten Dias:

Indikator Dia		Übereinstimmung bei freier Antwort		Übereinstimmung bei Antwortvorgabe	
		Modus	Median	Modus	Median
	E	2	2,0	2	2,0
0 2	K	3	2,8	2	2,0
	E	2	2,1	2	2,1
0 3	K	3	2,9	3	2,6
	E	3	2,7	2	2,0
0 4	K	3	2,8	3	2,4
	E	2	1,9	2	2,0
0 5	K	2	1,8	2	2,0
	E	3	2,7	2	2,1
0 9	K	3	2,5	2	2,1
	E	3	2,5	2	1,9
1 0	K	3	2,9	3	2,6
	E	3	2,7	2	2,2
1 1	K	3	2,9	3	2,6

1= starke Übereinstimmung

2= mittlere Übereinstimmung

3= keine Übereinstimmung

Weitere Indikatoren der Übereinstimmung:

Nullhypothese   Gleichverteilung der Übereinstimmung in den beiden Gruppen

Alternativhypothesen   Von der Gleichverteilung über den Zufall abweichende Verteilung bei den Übereinstimmungen zugunsten der Experimentalgruppe

	Prozentualer An-teil der Nennun-gen aus einer Kategorie gem. Frage 3	Absol. Anzahl der Übereinstimmungen in Experimental-u. Kontrollgruppe gem. Frage 1	Absol. Anzahl der Übereinstimmungen in Experimental-u. Kontrollgruppe gem. Frage 4
Sign. Dias nach χ^2 - Test für $\alpha < 0,05$	02 03 10 11	02 03 10	03 10

Die weitere Auswertung konzentriert sich auf die folgenden
Dias, weil diese bei den verschiedenen Indikatoren der Übereinstimmung signifikante Ergebnisse aufweisen.

    02/03/04   Kategorie "Überraschung"
    05   Kategorie "Freude"
    09/10/11   Kategorie "Ärger"

Zur MDS-Auswertung

Die Erfragung der Ähnlichkeit zwischen den in den Gesichtern
dargestellten Gefühlen zielt nicht auf einzelne Vorgaben
aus dem Kriterienkatalog. Es soll geprüft werden, ob der
experimentelle Faktor (Kategorienschema) einen Einfluß auf
die Wahrnehmung ausübt.

Die Auswertung erfolgte sowohl auf individueller als auch
auf komprimierter Datenbasis. Dazu dienten die Verfahren
INDSCAL-S sowie MINISSA, die in dem MDS-Programmpaket imple-
mentiert sind.

Die weiteren Ausführungen beziehen sich auf das MINISSA-
Modell, das formal äquivalent zu dem von Kruskal entwickelten Modell ist.

ZIELSETZUNG: Umsetzung von Ähnlichkeitsdaten in räum-
                    liche Abbildungen auf komprimierter Da-
                    tenbasis

METHODIK: Minkowski-Metrik; Gradientenverfahren

KRITERIUM: Stress-Wert

DATENBASIS: Komprimierte Datenmatrix (symmetrisch-
                    quadratisch) für 1/2 n(n-1) Objektpaare

Zur graphischen Interpretation wird auf die zweidimensionale
Lösung zurückgegriffen. Die Zahlen auf den jeweiligen Plott-
Ausdrucken haben die folgende Bedeutung:

1,2,3,4:   Emotionen aus der Kategorie "Überraschung"
5,6,7,8:   Emotionen aus der Kategorie "Freude"
9,10,11,12:   Emotionen aus der Kategorie "Ärger"

Dimensionen / Gruppe	2 Dimensionen RAW Stress DHAT	Stress DHAT	3 Dimensionen RAW Stress DHAT	Stress DHAT
Experimental	0.40	0.05	0.02	0.00
Kontroll	0.76	0.07	0.18	0.04

MDS-MINISSA, Final Configuration, Kontrollgruppe

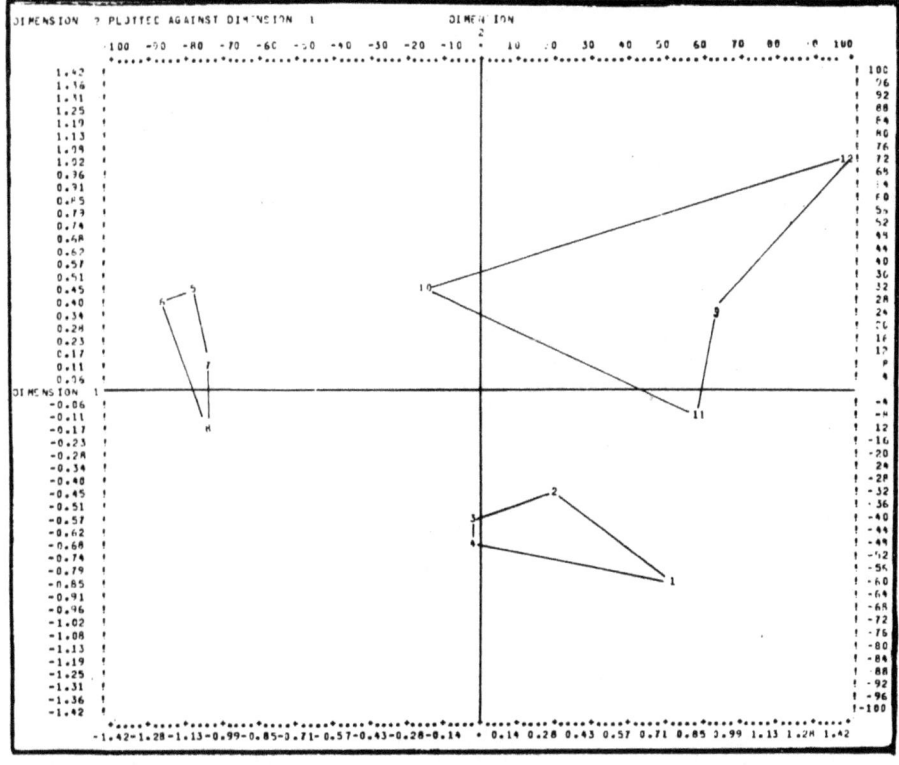

MDS-MINISSA, Final Configuration, Experimentalgruppe

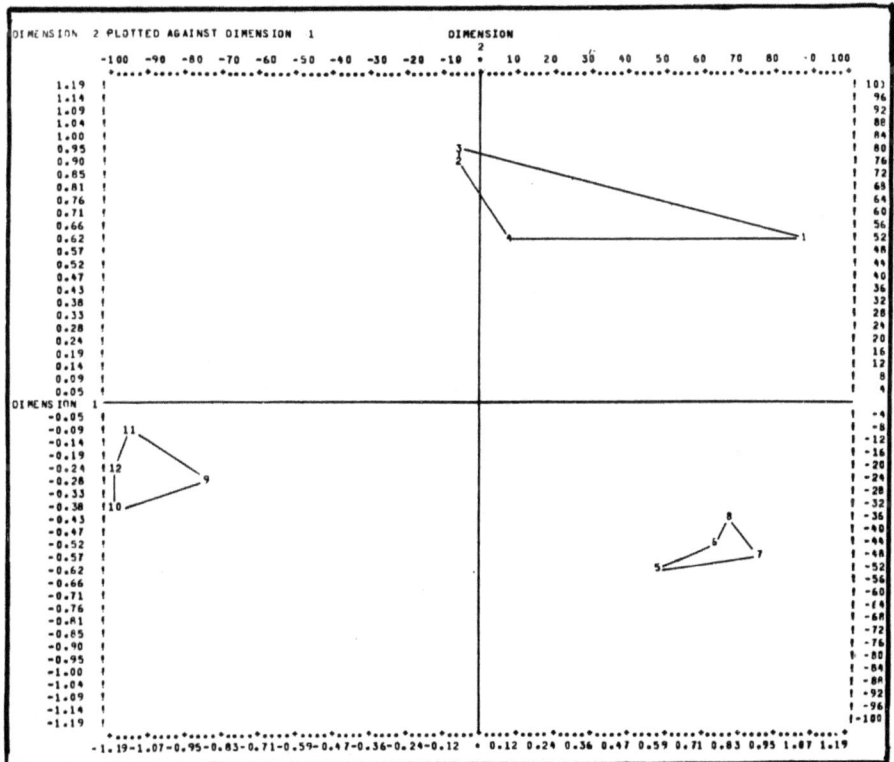

Zur MINISSA Positionierung:

In der Kontrollgruppe sind drei Cluster mit den jeweiligen
Emotionskategorien anzutreffen, die aber durch relativ große
Distanzen zueinander gekennzeichnet sind. In der Experimentalgruppe sind diese Distanzen sichtbar kleiner. Bekanntlich
kann die Distanz zwischen zwei Objekten in Modellen der MDS
als Indikator für deren Ähnlichkeit interpretiert werden,
was im vorliegenden Fall darauf hindeutet, daß sich die Dias
der Experimentalgruppe in den drei Emotionskategorien ähnlicher sind als die in der Kontrollgruppe.

Die Ergebnisse des Experimentes zeigen, daß die Fähigkeit
variiert, Gefühle im Gesicht auszudrücken. So konnte innerhalb der Kategorien "Überraschung" und "Ärger" bei 3 von 4
Dias die Übereinstimmung der Beurteiler gesteigert werden.
Bei "Freude" war dies nur bei einem Dia der Fall. Bei dieser
Emotion läßt sich die Übereinstimmung wohl am ehesten ver-
bessern, wenn die Gestik hinzugezogen wird (Hypothese: Emotion "Freude" + Hände und Arme nach oben = Emotion "Begeisterung"). Das Forschungsdesign muß deshalb um weitere Sig-
nalklassen erweitert werden, um den Kriterienkatalog zu
vervollständigen.

Zur Hypothese 2:

Die durchgeführte Rangkorrelation nach Spearman ($\alpha < 0.05$)
führte zu teilweise unterschiedlichen Ergebnissen, was durch
die negativen sowie positiven Korrelationskoeffizienten zum
Ausdruck kommt. Insgesamt konnte die Hypothese 2 nicht bestätigt werden. Dieses Ergebnis ist nicht weiter verwunder-
lich, wenn man die Operationalisierung kritisch würdigt.

Durch die Frage 2 kann auch die Fähigkeit des Enkoders, ein bestimmtes Gefühl darzustellen, gemessen werden, also nicht nur die Intensität einer Emotion. Hier wird wiederholt die "Schwäche" verbaler Indikatoren zur Messung der Intensität einer Emotion deutlich.

Ferner ist es interessant zu wissen, ob die Einschätzung der "Intensität" einer Emotion durch den experimentellen Stimulus signifikant verbessert wurde. Somit findet man in der 1. Spalte der nächsten Tabelle die Mittelwertdifferenzen der Intensitätseinschätzungen (vgl. Frage 2) zwischen Experimental- und Kontrollgruppe. Eine positive Differenz deutet auf eine eingetretene Verbesserung hin.

Dia	$I_E - I_K$	$t_{kr} = 1.64$
02	+ 0.55	s
03	+ 0.50	s
04	- 0.22	ns
05	- 0.50	s
09	- 0.05	ns
10	+ 0.70	s
11	+ 0.15	ns

I_E = Mittelwert der Intensität in der Experimentalgruppe

I_K = Mittelwert der Intensität in der Kontrollgruppe

t_{kr} = kritischer T-Wert für einen einseitigen t-Test,
$\alpha < 0.05$

Die Tabelle zeigt, daß bei drei Dias eine signifikante (lt. t-Test) Steigerung der "Intensität" erreicht wurde. Bei Dia 5 ist das Ergebnis widersprüchlich.

Prüfung der Ergebnisse

Die inhaltliche Validität des Experimentes wurde durch Randomisierung berücksichtigt. Die Überprüfung der Validität der Variablen "Übereinstimmung" erfolgte mittels Kriteriumsvalidierung, da die Variable "Übereinstimmung" bei der freien Antwort und bei der Antwortvorgabe identisch operationalisiert wurde (1 = starke Übereinstimmung; 2 = mittlere Übereinstimmung; 3 = keine Übereinstimmung). Identische Operationalisierung bedeutet, daß die freien Antworten vor dem Hintergrund der 21 Begriffe (für jede Emotionskategorie 7 sprachliche Synonyma) klassifiziert wurden. Die nachfolgende Tabelle zeigt die signifikanten Kontingenzkoeffizienten (für $\alpha < 0.05$) zwischen den beiden Variablen.

Dia	χ^2	$c_{(korr)}$
02	15.4	0.54
03	22.1	0.63
09	15.6	0.53
10	10.7	0.47
11	8.6	0.42

Die Prüfung der Reliabilität erfolgte zum einen mittels Varianzanalyse nach der Variablen "Datum der Teilnahme am

Experiment", die dichotomisiert wurde. Mittels einer weiteren Varianzanalyse wurde zum anderen geprüft, ob das Geschlecht der Darsteller und der Rater einen signifikanten Einfluß ausübte. Auf dem 5%-Niveau konnten keine signifikanten Wirkungen festgestellt werden.

Wie bereits erläutert wurde, variierte die Reihenfolge der Dias. Da diese Variable kodiert wurde, konnte mittels t-Test ($\alpha < 0.05$; zweiseitig) geprüft werden, ob sich signifikante Unterschiede ergaben. Das war bei den verbliebenen Dias nicht der Fall.

5.2.3 Praktische Folgerungen

Die vorliegenden Ergebnisse bestätigen zusammenfassend, daß es möglich ist, spezifische Gefühle durch Kriterien für die Mimik in Anzeigen zu präzisieren. Man kann also die schauspielerische Intuition durch Vorgabe derartiger Kriterien unterstützen. Die werbefachliche Erfahrung wird in empirisch abgesicherte Befunde eingebettet, um die Darstellung von Emotionen zu präzisieren. Daraus ergeben sich für die Werbepraxis mehrere Vorteile:

Auftraggeber und Agentur sind an der Präzisierung des Briefings für die Werbekonzeption interessiert, um kostspielige Fehlpräsentationen erster Entwürfe möglichst zu vermeiden. In solchen Fällen leidet die spätere Kooperation zwischen beiden Partnern unter dem mißglückten Start.

Die Formulierung eines Briefings ist umso schwieriger, je bedeutender emotionale Werbeappelle für die Kommunikation sind. Die Schwierigkeiten beginnen bei der sprachlichen

Fassung emotionaler Handlungsabläufe und enden bei der Beschreibung eigener Empfindungen über die beabsichtigte Wirkung der Werbung. In solchen Fällen kann es hilfreich sein, das Briefing durch konkrete Handlungs- und Ausdrucksanweisungen für die Akteure der Umsetzung der Werbebotschaft zu ergänzen.

Ein weiterer Vorteil für die Werbepraxis ist darin zu sehen, daß die Verwendung von Kriterien zur nonverbalen Darstellung von Emotionen die Überprüfung der Werbewirkung erlaubt. Ein verbaler Werbetext der herkömmlichen Art mag bei der Kommunikation von abgehobenen Emotionen (z.B. Freude oder Überraschung) noch ausreichend sein, nicht jedoch bei der Kommunikation von Gefühlsmischungen (z.B. Freude und Überraschung). Dann bietet ein derartiger Kriterienkatalog zusätzliche Anhaltspunkte, ob die beabsichtigten Emotionen nonverbal zutreffend kommuniziert worden sind.

Erweitert man derartige Kriterienkataloge um Erlebniswerte (vgl. 4.2.1), so bietet sich die Möglichkeit, die von der Markenwerbung bewirkte Erlebnisvermittlung festzustellen. Man erhält dann Auskünfte, inwieweit nonverbale Werbesignale die den Konsumentenerwartungen angepaßten emotionalen Eindruck unterstützen. Die Analyse von Erlebniswirkungen ist zwar schwieriger als die Inhaltsanalyse von Werbemitteln, dafür aber informativer. Die Erfahrung lehrt, daß bewährte Erlebniswerte wie Glück, Genuß, Natur usw. auf die Darstellung von Menschen angewiesen sind, deren nonverbales Ausdrucksverhalten in vielfältiger Weise werblich umgesetzt werden kann.

5.3 Steuerung der Attribution von Werbeanzeigen
5.3.1 Attributionstheoretische Einordnung

Die von Menschen wahrgenommenen Kausalrelationen werden
Attributionen genannt und begründen die Bedeutung von Ereignissen. Es gibt nicht die Attributionstheorie, sondern eine
Vielzahl von Erklärungsansätzen, die teils konkurrieren,
teils widersprüchlich sind und sich auch ergänzen. Ein begriffliches und theoretisches Ordnungsschema für Attributionen als kognitiv-funktionale bzw. kognitiv-motivationale
Informationsverarbeitungsprozesse stammt von Debler (1984).
Umfassende Darstellungen bieten Heckhausen (1980) und Herkner (1980).

Attributionstheorien versuchen zu erklären, wie das menschliche Bedürfnis, Ursachen für ein Verhalten zu suchen bzw.
das Verhalten kausal zu erklären, befriedigt werden kann.
Bevorzugtes Anwendungsgebiet von Attributionstheorien ist
die Wahrnehmung von Menschen, das Verhältnis von Attribution
und Introspektion sowie Probleme der Bewußtheit und Verbalisierbarkeit von Attributionen.

Die kognitive Ausrichtung der meisten Attributionstheorien
birgt die Gefahr in sich, gedankliche Prozesse des Individuums zu überschätzen. So verweist Kroeber-Riel (1984, S.
297) auf den nicht seltenen Fall, daß Spontankäufe nachträglich aufgrund subjektiver Attribuierung erklärt werden. Erst
in neuerer Zeit wird versucht, Emotionen und Motive nicht im
Zusammenhang mit "Fehlattributionen" zu sehen, sondern als
Merkmale des der Attribution zugrunde liegenden Informationsverarbeitungsprozesses (vgl. z.B. Debler, 1984, S. 15
f.).

Attributionstheoretische Ansätze sind dennoch <u>kognitive</u> Theorien (vgl. Meyer und Schmalt, 1978, S. 99 f.). Sie betrachten die vom Individuum aufzunehmenden Informationen als unabhängige und die gedankliche Verarbeitung dieser Informationen als abhängige Variablen. Die Suche nach Ursachen für bestimmte Ereignisse steht also im Mittelpunkt der Erklärungsversuche.

Wichtige Theorien zur Attribution stammen von Heider (1958, 1977), Jones und Davis (1978) sowie Kelley (1967, 1978). Heider wird häufig als Begründer der systematischen Attributionsforschung bezeichnet, da viele Ansätze in seiner gestaltpsychologischen Wahrnehmungstheorie verankert sind. Auf ihn geht die Unterscheidung zwischen den Ursachenfaktoren "Person" und "Umwelt" zurück.

Jones und Davis konzentrieren sich auf Personenattributionen, während Kelley sich um einen grundlegenden und für das Konsumentenverhalten einschlägigen Erklärungsansatz bemüht. Er sieht die Ursachen für ein Verhalten in den Eigenschaften von Personen, in Umweltreizen und in den besonderen Handlungsumständen von Personen. Grundlegend für Attributionen im Sinne Kelleys ist das <u>Kovariationsprinzip</u>, wonach eine Wirkung denjenigen Ursachen zugeschrieben wird, mit denen sie aus der Sicht des Individuums wiederholt gemeinsam auftritt (vgl. Kelley, 1978, S. 216).

Um das Kovariationsprinzip anwenden zu können, sind mehrfache Beobachtungen über einen gewissen Zeitraum notwendig. Dabei kann der Beobachter zwischen den drei <u>Attributionsfaktoren</u> "Objekt, Person und Umstände" unterscheiden. Auf das "Objekt", das auch eine Person sein kann, richten sich die Handlungen. Beobachtet wird das Verhalten einer oder mehre-

rer "Personen" in bezug auf das Objekt. Die "Umstände"
beinhalten den Zeitpunkt der Beobachtung bzw. Handlungen
sowie die Modalitäten der wahrgenommenen Interaktion von
Person und Objekt. Die Attribution bedient sich dabei folgender Informationsarten:

Konsensus:	Der Konsensus ist ein Vergleich über Personen. Er ist dann hoch, wenn viele Personen in ihrem Verhalten hinsichtlich eines Objekts übereinstimmen. Die Variable Konsensus ist dagegen gering ausgeprägt, wenn nur wenige Personen gegenüber einem Objekt ähnlich handeln.
	Beispiel für hohen Konsensus: In der Anzeigenwerbung demonstriert man, daß das umworbene Produkt breite Zustimmung bei der Zielgruppe findet.
Distinktheit:	Die Distinktheit ist ein Vergleich über die Objekte. Sie ist dann hoch, wenn bestimmte Personen das beobachtete Verhalten nur bei wenigen Objekten zeigen. Sie ist dagegen gering, wenn die beobachtete Person bei vielen Objekten ähnlich handelt.
	Beispiel: Hat das beworbene Produkt den Charakter eines diskriminierenden Stimulus', so ist das Maß der Distinktheit hoch. Wird das Verhalten bei vielen Objekten generalisiert gezeigt, ist das Maß an Distinktheit gering.

Konsistenz: Die Konsistenz ist ein Vergleich über die
Zeit. Sie ist immer dann hoch, wenn sich
eine Person zu verschiedenen Zeitpunkten
und unabhängig von der Art und Weise
(Modalität) der Darbietung identischer
Objekte gleichbleibend verhält. Geringe
Konsistenz ist gegeben, falls eine Person
zu verschiedenen Zeitpunkten und bei
wechselnden Modalitäten auf denselben
Stimulus (Objekt) unterschiedlich reagiert.

Beispiel für hohe Konsistenz: Das bewor-
bene Produkt zeichnet sich durch vielfäl-
tige Anwendungsmöglichkeiten und durch
hohe Markentreue aus.

In Abhängigkeit von den drei Attributionsfaktoren (Objekt,
Person, Umstände) und den drei Informationsarten (Konsensus,
Distinktheit, Konsistenz) lassen sich folgende Attributionen
hypothetisch formulieren:

Informations-art / Attribu-tionsfaktor	Konsensus	Distinktheit	Konsistenz
Objekt (Stimulus)	hoch	hoch	hoch
Person	gering	gering	hoch
Umstände	gering	hoch	gering

Dieses Hypothesenschema, das den beiden empirischen Studien des folgenden Kapitels (5.3.2) zugrunde liegt, ist folgendermaßen zu interpretieren:

Attribution auf das Objekt:
Ein Ereignis wird dem Objekt bzw. Stimulus, auf welches die Handlung gerichtet ist, zugeschrieben, wenn viele Personen (Konsensus hoch) speziell bei diesem Stimulus (Distinktheit hoch) über die Zeit konstant (Konsistenz hoch) gleiches Verhalten zeigen.

Ein Beispiel: Offensichtlich liegt es am umworbenen Produkt selbst, wenn es von vielen Menschen langfristig und mehr als konkurrierende Produkte geschätzt wird. Werblicher Erfolg beinhaltet also "Objektattribution" infolge hohem Konsensus, hoher Distinktheit und hoher Konsistenz.

Attribution auf die Person:
Ein Ereignis wird der beobachteten Person zugeschrieben, wenn sie im Gegensatz zu den meisten anderen Personen (Konsensus gering) bei vielen Objekten (Distinktheit gering) zu verschiedenen Zeiten (Konsistenz hoch) in der gleichen Weise handelt.

Ein Beispiel: Wenn nur einzelne Zielpersonen der Anzeigenwerbung auch langfristig keine Markenpräferenzen aufbauen, so kann es nicht am Produkt selbst liegen. Durch die "Personenattribution" wird nicht der Produkterfolg problematisiert, sondern die werbliche Ansprache.

Attribution auf die Umstände:

Ein Ereignis wird den Umständen zugeschrieben, wenn nur die beobachtete Person (Konsensus gering) bei einem bestimmten Objekt (Distinktheit hoch), aber nicht zu jeder Zeit (Konsistenz gering) ein gewisses Verhalten zeigt.

Ein Beispiel: Widersprüchliches Präferenzverhalten einzelner Mitglieder der Zielgruppe legt die Vermutung nahe, daß weder das Produkt noch die Werbung versagt haben, sondern äußere Umstände (z.B. Zeitmangel oder finanzielle Engpässe) das inkonsistente Verhalten bedingen.

Liegen keine wiederholten Beobachtungen vor, so greift das Individuum auf kausale Schemata zurück. Das sind gelernte Konzepte über das Zusammenwirken von Verursachungsgrößen, die dann genutzt werden, wenn unvollständige, einmalige oder sogar widersprüchliche Informationen vorliegen.

Nach Kelley sucht man also Ursachen als abhängige Variablen des Attributionsprozesses, die von der Ausprägung und Zusammensetzung der drei unabhängigen Informationsarten bestimmt werden. Ungeklärt bleibt, inwieweit tatsächliche Ursachen des beobachtbaren Verhaltens und subjektiv zugeordnete Gründe miteinander übereinstimmen. Kelley liefert also ein hypothetisches, idealtypisches Ordnungsschema für intuitiv-naive Verhaltenserklärungen.

Natürlich kann auch fehlerhaft attribuiert werden, vor allem deshalb, weil ein ziemlich rationales Bild vom attribuierenden Beobachter entworfen wird und Motivationseinflüsse zurückgedrängt werden. Weitere mögliche Fehlerursachen sind:

- Attributionen erfolgen selektiv, weil sie dem individuellen Befürfnis nach Vorhersagbarkeit und Kontrollierbarkeit der Welt dienen.

- Attributionen dienen auch der Selbstwertsteigerung und Bestätigung von Wunschvorstellungen (z.B. schreiben Personen mit hoher Selbstwerteinschätzung sich die Erfolge und den Umständen die Mißerfolge zu).

- Attributionen beruhen manchmal auf einem falschen Konsensus, weil man irrtümlich davon ausgeht, daß andere Menschen so denken und handeln wie man selbst.

5.3.2 Empirische Studien

Die erste der beiden Studien, über die hier berichtet wird, befaßt sich mit:

Beziehungen zwischen Gesichtsausdruck, Bildhintergrund und Text.

In der experimentellen Studie (vgl. Weinberg, Konert und Meermann, 1982) erhielten die Betrachter von Gesichtsausdrücken zusätzliche Informationen zum Kontext, was eine präzisere Emotionsbeurteilung hervorrufen sollte. Diese Zusatzinformationen wurden als Bildhintergrund oder als Text kombiniert dargeboten und paßten zu jeweils einer der drei ausgewählten Emotionskategorien des Gesichts:

Freude, Glück, Interesse.

Die Problemstellung lautet:

Ist es möglich, mittels Kontextinformationen die attributionstheoretische Deutung mimisch dargestellter Emotionen in der Anzeigenwerbung zu beeinflussen?

Das Experiment wurde an drei aufeinanderfolgenden Tagen im Jahre 1982 als Gruppenversuch durchgeführt. Als Versuchspersonen dienten Studenten aller Fachbereiche der Universität Paderborn. Es wurde sichergestellt, daß die Teilnehmer weder an einem der Pretests noch bereits in einer anderen Experimental- oder Kontrollgruppe beteiligt waren. Befragt wurden 196 Studenten beiderlei Geschlechts (gleichverteilt). Die Kontrollgruppe hatte eine Stärke von n=42, die Experimentalgruppen einen Umfang von jeweils n=51 oder n=52 Teilnehmern. Die Altersstruktur ergab für die 4 Gruppen einen durchschnittlichen Wert von 22,8 Jahren.

Die ausgewählten emotionalen Gesichtsausdrücke sowie die Kombinationsmöglichkeiten von Bildhintergründen und Texten gestatten die Bildung von vier Gruppen.

Gruppe	Experimentelle Manipulation	Zusatzinformation	Anzahl der Darsteller	Anzahl der Dias
Kontroll-gruppe K	Keine: Mimik ohne Text, neutraler Hintergrund	Keine	4	4
Experimental-gruppe E I	Bildhintergrund	Freude oder Glück oder Interesse	4	12
Experimental-gruppe E II	Text	Freude oder Glück oder Interesse	4	12
Experimental-gruppe E III	Bildhintergrund und Text	Freude oder Glück oder Interesse	4	12

K: Mimik der Darsteller auf neutralem (weißem) Hintergrund = Kontrollgruppe

E I: Mimik der Darsteller, kombiniert mit je einem Bildhintergrund zur Emotion Freude oder Glück oder Interesse = Experimentalgruppe I

E II: Mimik der Darsteller, kombiniert mit je einer Textzeile zur Emotion Freude oder Glück oder Interesse = Experimentalgruppe II

E III: Mimik der Darsteller, kombiniert mit je einem Bildhintergrund und einer Textzeile zur Emotion Freude oder Glück oder Interesse = Experimentalgruppe III

Jedes Dia wurde von den Versuchsteilnehmern anhand der drei vorgegebenen Kategorien Freude, Glück und Interesse beurteilt. Aufgrund der Ergebnisse eines Fragebogenpretests wurden die drei vorgegebenen Emotionsqualitäten auf einer 5er-Skala von "nicht vorhanden" bis "stark vorhanden" erfaßt.

Die Auswahl der Bild- und Textbeispiele erfolgte in mehreren Pretests aus einer Vielzahl von Vorschlägen. Als Entscheidungskriterium diente der Quotient:

$$\frac{\text{Anzahl der Nennungen zu einer Emotionsqualität}}{\text{Gesamtnennungen zu allen Emotionsqualitäten}}$$

Die zu wählenden Bilder und Texte mußten mindestens von 10 Teilnehmern präferiert worden sein und sollten einen Quotienten von 0,7 nicht unterschreiten. Dabei konnte zwischen bildlichen Stimuli unterschieden werden, die eher männliche oder eher weibliche Personen ansprachen.

Es wurden folgende __Bilder__ ausgewählt:

für Freude: Karussell im Looping (männlicher Stimulus)
für Glück: Konturen eines sich küssenden Paares (weiblicher Stimulus)
für Interesse: Bohrinsel (männlicher Stimulus)

Als __Texte__ bewährten sich:

für Freude: So ein Tag, so wunderschön wie heute
für Glück: Wir erwarten ein Baby
für Interesse: Die Entdeckung einer neuen Dimension

Beim Experiment wurde zur Vermeidung von Lerneffekten jede Versuchsperson nur einer Gruppe zugeteilt. Des weiteren sollte kein Teilnehmer einen der vier Darsteller oder eine der drei Emotionen mehrfach beurteilen. Dies wäre nicht gewährleistet, wenn z.B. ein identischer Gesichtsausdruck vor wechselnden Bildmotiven oder der gleiche Text bei allen vier Darstellern durch einen Versuchsteilnehmer eingeschätzt werden muß. Die Darbietung des Stimulusmaterials erfolgte mit Hilfe eines Tachistoskops bei einer Expositionszeit von 5 Sekunden.

Die Prüfung der Zusammenhänge zwischen Mimik, Text und Bildhintergrund erfolgte varianzanalytisch und mittels t-Tests:

Emotion	Mittelwerte der einzelnen Gruppen			
männliche Darsteller	Kontroll-gruppe	Exp.-Gruppe I (Bild)	Exp.-Gruppe II (Text)	Exp.-Gruppe III (Bild u. Text)
Freude	3,46	2,22	2,89	(3,11)
Glück	2,72	(2,78)	(3,17)	(2,95)
Interesse	2,59	(2,65)	(2,55)	(3,35)
weibliche Darsteller				
Freude	2,12	(1,95)	(1,91)	(1,86)
Glück	1,66	2,35	(2,15)	2,42
Interesse	2,27	1,61	(2,10)	(2,09)

<u>Zur Tabelle:</u> Es handelt sich um t-Tests zwischen Experimentalgruppe und Kontrollgruppe je Emotion für α < 0,05 (die Werte in Klammern sind nicht signifikant). Angaben zu Emotionen, die nicht der variierten Emotion entsprechen, können vernachlässigt werden. Eine zusätzliche Varianzanalyse bestätigt den signifikanten Einfluß von Bild, Text oder beidem auf die Interpretation der Mimik.

Die Ergebnisse zeigen ein differenziertes Bild und lassen sich nur hypothetisch interpretieren:

Mimik in der Kontrollgruppe

Die männlichen Darsteller drücken überwiegend Gefühlsmischungen aus, wie die hohen und nicht signifikant verschiedenen Werte zeigen. Die weiblichen Darsteller weisen schwächere Emotionen auf, am wenigsten Glück. Man darf erwarten, daß in Abhängigkeit von der Höhe der Emotionen in der Kontrollgruppe die attributionstheoretische Deutung der Emotionen in den Experimentalgruppen mit unterschiedlichem Vorzeichen ausfallen kann.

Bilddominanz vor Textdominanz

In den meisten Fällen führt die Vorgabe eines Bildhintergrundes zu veränderten Interpretationen der Mimik (männlich: Freude, weiblich: Glück, Interesse). Widersprüchlich bleibt, ob der Bildhintergrund (Experimentalgruppe I) oder der Text (Experimentalgruppe II) bei der Attribution dominiert.

Objektattribution

Wie bereits erwähnt, kann das bildhafte Stimulusmaterial geschlechtsspezifisch differenziert werden (männlich: Karussell für Freude, Bohrinsel für Interesse, weiblich: Paar für Glück). Das führt zu unterschiedlichen Attributionen im Sinne von Kelley.

Gleichbleibender emotionaler Eindruck: Diesen Fall findet man bei "Glück" für die männlichen Darsteller und bei "Freude" für die weiblichen Darsteller. Beim Rückgriff auf gelernte kausale Schemata unterstellt der Betrachter der Mimik in diesen Fällen offensichtlich keinen hohen Konsensus. Obendrein handelt es sich um nur schwach wahrgenommene Emotionen.

Steigerung des emotionalen Eindrucks: Diesen Fall findet man bei "Glück" für die weiblichen Darsteller und bei "Interesse" für die männlichen Darsteller. In Anbetracht der geschlechtsspezifischen Stimuli erscheint ein hoher Konsensus als glaubwürdig.

Abschwächung des emotionalen Eindrucks: Diesen Fall findet man bei "Freude" für die männlichen Darsteller und bei "Interesse" für die weiblichen Darsteller. Während die intendierte Attribution bei den weiblichen Darstellern offensichtlich als unglaubwürdig (geringer Konsensus) empfunden wird, kann bei den männlichen Darstellern eine unbekannte Emotion dominieren.

Fazit:

Diese Studie stellt keinen Hypothesentest dar. Sie zeigt aber, wie es grundsätzlich möglich ist, nonverbal ausgelöste Emotionen attributionstheoretisch im Sinne Kelleys zu analysieren.

Die Ergebnisse zeigen auch, daß die Verwendung mehrerer visueller Gestaltungsmöglichkeiten einer Werbeanzeige zur Prägnanz der kommunizierten Emotion beitragen kann. Die ausgewählten Gesichtsausdrücke stammen ja aus der aktuellen Anzeigenwerbung. Wenn durch die Mimik nur Gefühlsmischungen und nicht klar abgrenzbare Basisemotionen ausgedrückt werden, sind Bildhintergrund und Text der Anzeige notwendige Steuerungsmittel für die Kommunikation emotionaler Botschaften.

Die 2. empirische Studie befaßte sich mit der

Interpretation von Werbeanzeigen als Attributionsprozeß.

Am Lehrstuhl für Absatz-, Konsum- und Verhaltensforschung der Paderborner Universität wurde im Jahre 1983 geprüft, ob und inwieweit der attributionstheoretische Ansatz von Kelley zur Interpretation werblicher Kommunikationsprozesse herangezogen werden kann (vgl. zu dieser Zusammenfassung ausführlich Meermann, 1984). Im Rahmen eines empirischen Praktikums zur Werbeforschung (das empirische Praktikum wurde von Herrn Dipl.-Psych. Axel Meermann betreut), sollten folgende Hypothesen geprüft werden:

Konsensushypothese

Der wahrgenommene Konsensus hängt von der Prägnanz des in der Werbeanzeige dargestellten Verhaltens für die Zielgruppe der befragten Konsumenten ab.

Distinktheitshypothese

Die wahrgenommene Distinktheit hängt davon ab, ob das Produkt zum zentralen Bestandteil der werblichen Handlung gehört.

Konsistenzhypothese

Die wahrgenommene Konsistenz hängt davon ab, ob die Konsumenten den Anzeigeninhalt als lebensnah empfinden.

Am Beispiel der Zielgruppen "Hausfrauen" und "Studenten" sollten diese Hypothesen geprüft werden. Die studentischen Teilnehmer wählten in einem ersten Schritt das Stimulusmaterial aus. Gesucht wurden Anzeigenbeispiele aus der aktuellen Werbung, welche folgende Vorgaben erfüllen sollten:

- Darstellung einer Gruppe von Personen, die gemeinsam etwas erleben. Das Erleben sollte nonverbal in eine emotionale Handlung eingebettet sein. Eine signifikante Zuordnung zu einer der beiden exemplarischen Zielgruppen sollte Unterschiede im Konsensus aufzeigen.

- Das Produkt sollte als zentrales Element der Handlung dargestellt sein, um Distinktheitsunterschiede zu erfassen.

- Zur Prüfung der Konsistenz sollte es sich um Produkte handeln, die häufig gekauft werden.

Aus einer großen Zahl von Alternativen fiel die Entscheidung zugunsten von je zwei Anzeigenbeispielen aus zwei aktuellen Werbekampagnen:

"Polaroid" Sofortbilder
- Darstellung von Mutter und Kind
- Abbildung eines Freundeskreises

"Drum" Drehtabak
- Gruppe im Wohnmobil
- Kneipenszene mit Piano

Alle vier Anzeigen visualisieren nonverbal ein emotionales Erlebnis mehrerer Personen. Die Kampagnen unterscheiden sich hinsichtlich der Vorgaben:

Zielgruppe: Die Polaroid-Fotos stellen Familiensituationen dar und lösen bei Hausfrauen wahrscheinlich eher einen hohen Konsensus aus als bei Studenten.

Die Drum-Fotos zeigen ein studentisches Milieu und rufen dadurch bei Studenten wahrscheinlich eher einen hohen Konsensus hervor als bei Hausfrauen.

Produktbezug: Bei Polaroid steht das "Sofortbild" im Mittelpunkt der Handlung. Dies führt wahrscheinlich zu einer Information über eine hohe Distinktheit.

Bei Drum ist der Tabakkonsum nur eines von vielen Handlungselementen, was eine geringe Distinktheit erwarten läßt.

Den hypothetischen Zusammenhang zwischen Informationsart,
Produkt und Zielgruppe zeigt die folgende Tabelle:

Produkt / Informationsart	Polaroid	Drum
Konsensus hoch	Hausfrauen	Studenten
Distinktheit hoch	Hausfrauen Studenten	
Distinktheit gering		Hausfrauen Studenten

Operationalisierung der Variablen

Der Konsensus beschreibt Kontaktbeziehungen zwischen der
beworbenen Zielgruppe und den in der Anzeige auftretenden
Darstellern. Zur Messung der Übereinstimmung in der Beurteilung der visualisierten emotionalen Erlebnisse wurden zunächst mittels Kategorien die Emotionsqualitäten erfragt,
dann deren Intensitäten und zuletzt die wahrgenommene Übereinstimmung der dargestellten Gruppen. Die Messung erfolgte
mittels fünffach gestufter Ratingskalen von "nicht" bis
"sehr".

Zur Messung der "Distinktheit", also zur Erhebung des Stellenwertes eines Produktes für die dargebotene Handlung, wurden zum einen nur der Bildteil und zum anderen die vollständige Anzeige als Vorlage verwendet. Aufgrund dieser Variation des Stimulusmaterials wird die Distinktheit zu Beginn des Fragebogens erfaßt, um spontane Wiedererkennungen zu vermeiden. Zunächst wurden der Textteil und die Nahaufnahme des Produktes abgedeckt. Von hoher Distinkheit soll gesprochen werden, wenn mehr als 75% der Befragten den Umgang mit dem Produkt in die Handlungsbeschreibung einbeziehen.

Die befragten Personen wußten, daß es sich um Werbeanzeigen handelte, und sie sollten das vorgeführte Bildelement einer Produktgruppe zuordnen. Für die Drum- und Polaroid-Anzeigen wurden getrennte Listen vorgelegt.

Sodann wurde die vollständige Werbeanzeige dargeboten. Für das Ausmaß der Distinktheit war von Interesse, inwieweit der dargestellte Umgang mit dem beworbenen Produkt das emotionale Erlebnis beeinflußt. Dazu dienten Fragen, wie stark die abgebildete Stimmung von der produktbezogenen Handlung (Rauchen von Zigaretten bzw. Betrachten von Fotos) abhängt.

Mit der Konsistenz wird die Einmaligkeit bzw. Wiederholbarkeit von Handlungen beschrieben. Die Konsistenz des dargestellten Verhaltens sollte sowohl über die abgebildete Situation als auch über die kommunizierten Gebrauchsgewohnheiten erfaßt werden. Dazu dienten Fragen zur Alltäglichkeit bzw. Besonderheit der dargestellten Situationen und des Produktgebrauchs.

Erfaßt wurden letztlich soziodemographische Daten wie Alter, Geschlecht und Familienstand von Hausfrauen und Studenten.

Erhebung und Auswertung

100 Personen wurden in ihrer häuslichen Umgebung befragt, um
die Testsituation der Realsituation beim Betrachten von
Anzeigen möglichst anzunähern. Die geschulten Mitarbeiter
baten die zu befragenden Personen, an einem Interview zur
Werbung teilzunehmen. Der Zweck des Versuchs war den Teilnehmern nicht bekannt.

Die Daten wurden mittels des Programmsystems SPSS am Hoch-
schulrechenzentrum in Paderborn ausgewertet. 14 Mitarbeiter
führten das Experiment einzeln mit 50 Hausfrauen und 50
Studenten (26 weibliche und 24 männliche) durch. Das Alter
der Versuchspersonen lag zwischen 20 und 63 Jahren, wobei
die Studenten durchschnittlich 24 Jahre alt und die Hausfrauen im Durchschnitt 40 Jahre alt waren. Bei keiner Frage
zeigte sich ein geschlechtsspezifischer Einfluß. Durchgeführte Faktorenanalysen reduzierten die unterschiedlich
operationalisierten Fragen zu den drei Informationsarten
nicht auf übergeordnete Dimensionen, so daß alle Daten zum
Konsensus, zur Distinktheit und zur Konsistenz einzeln interpretiert werden können.

Prüfung der Konsensushypothesen:

Alle ausgewählten Werbeanzeigen vermitteln angenehme emotionale Erlebnisse wie Fröhlichkeit/Glück, Interesse und Zufriedenheit. Gleichgültigkeit, Langeweile und Überraschung
wurden nicht genannt. Die nonverbal dargestellten Gefühle
wurden prägnant wahrgenommen und unterscheiden sich in ihrer
Stärke nicht hinsichtlich der gewählten Emotionsqualität

einer Anzeige (t-Test, $\alpha < 0,05$). Die Ergebnisse faßt die
folgende Tabelle zusammen:

Emotion / Anzeige	Fröhlichkeit/ Glück	Interesse	Zufriedenheit
Polaroid "Mutter und Kind"	65 % 4,03	17 % 3,94	18 % 3,93
Polaroid "Freundes- kreis"	65 % 3,98	32 % 4,00	3 % 3,67
Drum "Gruppe im Wohnmobil"	55 % 3,94	3 % 3,33	42 % 3,98
Drum "Kneipenszene mit Piano"	47 % 3,87	10 % 3,60	43 % 3,65

Die Emotionsart wurde global erfaßt, wobei eine der vorgegebenen Emotionen dem bildlichen Kontext spontan zugeordnet
werden sollte. Die Messung der Stärke erfolgte über eine
fünfstufige Ratingskala, ebenso die Messung der emotionalen
Übereinstimmung innerhalb der dargestellten Gruppe. Die
Beurteilung der abgebildeten Emotionalität stützte sich auf
die dargestellte Mimik, Gestik und Handlungssituation.

Ein Mittelwertvergleich der fünffach gestuften Skalen zum
Konsensus führte bei den Gruppen Hausfrauen und Studenten zu
folgenden Ergebnissen:

Anzeige	S/H	Beurteilung des Darsteller-verhaltens		Konsensus angestrebter Kontakt	
Polaroid	S	3,44		2,80	
			s.		s.*
"Mutter u. Kind"	H	3,90		4,10	
Polaroid	S	3,12		3,62	
			s.*		n.s.
"Freundes-kreis"	H	3,76		3,94	
Drum	S	4,02		3,94	
			n.s.		s.*
"Wohnmo-bil"	H	3,98		3,20	
Drum	S	2,60		3,76	
			s.*		s.*
"Kneipen-szene mit Piano"	H	3,28		3,04	

S - Studenten   t-Test   n.s. - nicht signifikant

H - Hausfrauen   s. - signifikant, $\alpha < 0,05$

                         s.*- signifikant, $\alpha < 0,01$

Hausfrauen und Studenten unterschieden sich in der Beurteilung des Darstellerverhaltens bei drei von vier Anzeigen.
Die Erwartung, daß beide Gruppen das in den Werbeanzeigen
gezeigte Verhalten übereinstimmend bewerten, wurde nicht
bestätigt.

Die Hypothese zum Konsensus wurde überwiegend bestätigt.
Hausfrauen sehen bei den Polaroid-Anzeigen höhere Kontaktbeziehungen als Studenten. Das umgekehrte Bild zeigten
die Drum-Anzeigen. Hier beurteilten Studenten den Konsensus
höher als Hausfrauen. Die zielgruppenspezifischen Ansprachen der Werbung haben hier das persönliche Maß an Übereinstimmung verstärkt.

Prüfung der Distinktheitshypothese:

Bei den Polaroidaufnahmen nannten im Durchschnitt 96% der
Hausfrauen und Studenten das Betrachten von Fotos als Hand-
lungsbestandteil, die Drum-Kampagne erreichte bei der Zuordnung des Produktes zur Handlung nur einen Wert von 54% der
gewählten Zielgruppen. Die beiden Werbekampagnen wurden von
den befragten Personen also deutlich unterschiedlich hinsichtlich der Distinktheit wahrgenommen.

Distinktheit:	Polaroid "Mutter und Kind"	Polaroid "Freundes- kreis"	Drum "Wohnmo- bil"	Drum "Kneipen- szene"
Studenten	3,84	3,71	2,42	2,10
	n.s.	s.	n.s.	n.s.
Hausfrauen	3,66	4,22	2,82	2,46

n.s. - nicht signifikant

s. - signifikant (t-Test, $\alpha < 0,05$)

Das Betrachten der Fotos (Polaroid) übte mehr Einfluß auf die dargestellte Stimmung aus als dies beim Drehtabak (Drum) der Fall war. Nur bei einer Anzeige unterschieden sich die Gruppen. Zusammenfassend kann man festhalten, daß im Sinne der Distinktheitshypothese in der Polaroid-Kampagne eine hohe ($\bar{x} > 3$) und in der Drum-Kampagne eine geringe Distinktheit ($\bar{x} < 3$) ver- mittelt werden.

Prüfung der Konsistenzhypothese:

Die Konsistenzhypothese muß in ihrer allgemeinen Form ver- worfen werden. Es zeigten sich zwischen den Kampagnen deut- liche produktspezifische Unterschiede. Die Konsistenzen der werblich vermittelten Situation und der Konsumgewohnheiten sind zwischen Hausfrauen und Studenten bei Sofortbildern signifikant verschieden. Hausfrauen beschrieben hier eine höhere Konsistenz. Bei den Werbeanzeigen zum Drehtabak zeig-

ten sich keine zielgruppenspezifischen Bewertungsunter-
schiede:

Anzeige	Zielgruppe	Konsistenz mit Alltag		Konsistenz mit Konsumgewohnheiten	
Polaroid "Mutter und Kind"	Studenten	2,72	s.*	2,96	s.
	Hausfrauen	3,62		3,56	
Polaroid "Freundes- kreis"	Studenten	2,72	s.*	2,58	s.*
	Hausfrauen	3,52		3,60	
Drum "Gruppe im Wohnmobil"	Studenten	2,20	n.s.	3,46	n.s.
	Hausfrauen	2,48		3,78	
Drum "Kneipen- szene mit Piano"	Studenten	3,38	n.s.	3,60	n.s.
	Hausfrauen	3,18		3,86	

t-Test - n.s. - nicht signifikant

s. - signifikant, $\alpha < 0,05$

s.* - signifikant, $\alpha < 0,01$

Fazit

Es wurde geprüft, wie der Informationsgehalt von Werbeanzeigen nach Kelley operationalisiert werden kann. Grundsätzlich
ist es möglich, die für Werbekampagnen bedeutsamen Kon-
sensus- und Distinktheitsprozesse zu kontrollieren. Bei
beiden Informationsarten kommt es darauf an, die nonverbal
kommunizierten Emotionen im Sinne der Werbeaussage zu ge-
stalten. Attributionstheoretische Analysen können dazu wichtige Entscheidungshilfen leisten.

5.3.3 Praktische Folgerungen

Attributionstheoretische Konzepte sind im Rahmen der Werbeforschung selten verwendet worden. Das liegt zum einen an
methodischen Schwierigkeiten, zum anderen aber auch an der
mangelnden Kenntnis über die Aussagefähigkeit der Attributionstheorien.

Bisherige Forschungsbemühungen zur Attribution konzentrier-
ten sich auf die Untersuchung folgender Konstrukte (vgl.
Meermann, 1984):

- Glaubwürdigkeit der Werbung und Vertrauen in werbliche
  Botschaften: Im wesentlichen ging es um die Bestätigung
  der Überlegenheit der zweiseitigen gegenüber der einseitigen Kommunikation.

- Glaubwürdigkeit der Werbung und Produktattributionen bei
  Einsatz prominenter Testimonials: Mit Zunahme der Glaubwürdigkeit für den Werbeauftritt von Prominenten werden
  auch Produktattributionen verstärkt.

- Attribution emotionaler Eindrücke in der Anzeigenwerbung:
  In Anlehnung an Kelley wurden Produktattributionen bei
  hohem Konsens bestätigt.

Mit Zunahme der emotionalen Werbung, wie derzeit beobachtet
werden kann, gewinnt die Beeinflussung der werblichen Attribution an Bedeutung. Die beispielsweise·in einer Werbeanzeige vermittelten Informationen müssen vom Betrachter im
gewünschten Sinne emotional bewertet werden, und dazu verwendet man bekanntlich eine Vielzahl bewährter Stimuli. Die
Gestaltungselemente einer Anzeige als mögliche Ursachenfaktoren oder Zusatzinformationen steuern also die Attribution
der werblichen Aussage.

Zur Erklärung und zur Beeinflussung der Attribution im Rahmen der Werbung ist das Vorgehen im Sinne von Kelley zwar
methodisch schwierig, jedoch grundsätzlich möglich. Werbung
wird ein- oder mehrmals wahrgenommen, und für beide Fälle
liefert Kelley methodische Ansatzpunkte (Prinzip der Konfiguration bzw. Kovariation). Vereinfacht wird die Attribution
durch den Rückgriff auf gelernte Ursache-Wirkungsbeziehungen
und durch persönliche Erfahrungen mit der Werbung. Bildliche
und textliche Gestaltungsmöglichkeiten können auch bei ein-
maliger Werbung die Informationen vermitteln, die zur Bildung kausaler Schemata nach dem Kovariationsprinzip notwendig sind.

Alles in allem:
Die emotionale Werbung, bei der nonverbale Stimuli dominieren, eignet sich in besonderer Weise dazu, Produktattributionen gezielt und glaubwürdig auszulösen. Dazu kann das
Konzept von Kelley praktische Hilfestellungen leisten.

LITERATURVERZEICHNIS

A

ARGYLE, M.: Körpersprache und Kommunikation. Paderborn 1979.

ARGYLE, M. und P. TROWER: Signale von Mensch zu Mensch. Weinheim-Basel 1981.

B

BÄNSCH, A.: Verkaufspsychologie und Verkaufstechnik. Stuttgart 1977.

BEHRENS, G.: Das Wahrnehmungsverhalten der Konsumenten. Frankfurt am Main 1982.

BEKMEIER, S. und M. SCHOPPE: Facial Action Coding System. Arbeitspapier aus der Schriftenreihe "Betriebswirtschaftliche Verhaltensforschung" der Universität -GH- Paderborn 1985.

BEKMEIER, S. und M. SCHOPPE: Beziehungen zwischen Emotion und Bewegungsverhalten. Arbeitspapier aus der Schriftenreihe "Betriebswirtschaftliche Verhaltensforschung" der Universität -GH- Paderborn 1986.

BONOMA, T.V. und L.C. FELDER: Nonverbal Communication in Marketing: Toward a Communicational Analysis. Journal of Marketing Research 14, 1977, S. 169-180.

D

DAHLHOFF, H.-D.: Ungeplante und impulsive Kaufentscheidungen. Neubestimmung eines theoretischen Konzepts auf
empirischer Grundlage. Arbeitspapier Nr. 19 des Instituts für Marketing der Universität Münster 1979.

DEBLER, W.F.: Attributionsforschung - Kritik und kognitiv-
funktionale Reformulierung. Salzburg 1984.

DÖPPNER, H.W.: Verkaufsförderung: Eine Marketingfunktion.
Berlin 1977.

E

EKMAN, P.: Differential Communication of Affect by Head and
Body Cues. Journal of Personality and Social Psychology
2, 1965, No. 5, S. 726-735.

EKMAN, P. (Hrsg.): Darwin and the Facial Expression: A
Century of Research in Review. New York 1973.

EKMAN, P. und W.V. FRIESEN: Head and Body Cues in the Judge-
ment of Emotion: A Reformulation. Perceptual and Motor
Skills 24, 1967, S. 711-724.

EKMAN, P. und W.V. FRIESEN: Unmasking the Face. A Guide to
Recognizing Emotions from Facial Expressions. Englewood
Cliffs (N.J.) 1975.

EKMAN, P. und W.V. FRIESEN: Facial Action Coding System.
Consulting Psychologists Press. Palo Alto 1978.

EKMAN, P. und W.V. FRIESEN: Handbewegungen. Nonverbale Kommunikation. Hrsg. von K.R. Scherer und H.G. Wallbott. Weinheim-Basel 1979, S. 108 f.

EKMAN, P., W.V. FRIESEN und S. ANCOLI: Facial Signs of Emotional Experience. Journal of Personality and Social Psychology 39, 1980, No. 6, S. 1125-1134.

EKMAN, P., W.V. FRIESEN und P. ELLSWORTH: Gesichtssprache. Wege zur Objektivierung menschlicher Emotionen. Wien-Köln-Graz 1974.

F

FASSNACHT, G.: Systematische Verhaltensbeobachtung. München-Basel 1979.

FISCH, H.U., S. FREY und H.-P. HIRSBRUNNER: Analyzing nonverbal behavior in depression. In Journal of Abnormal Psychology, 1983, Vol. 92, No 3; 307-318.

FISCHER, G.H.: Interaktionsstrategie im Absatzmarketing. Gernsbach 1982.

FISHER, R. und W. URY: Das Harward-Konzept. Sachgerecht verhandeln - erfolgreich verhandeln. Frankfurt-New York 1984.

FRANKE, E.-U.: Durch Kundeneinwände mehr verkaufen. München 1978.

FREY, S., H.-P. HIRSBRUNNER, J. POOL und W. DAW: Das Berner System zur Untersuchung nonverbaler Interaktion: I. Die Erhebung des Rohdatenprotokolls. Methoden der Analyse von Face to Face Situationen. Hrsg. von P. Winkler. Stuttgart 1981, S. 203-236.

FRIESEN, W.V. und P. EKMAN: EMFACS-7.Unveröffentlichtes Manuskript 1984.

FRIJDA, N.H. und E. PHILIPSZOON: Dimensions of Recognition of Emotion. Journal of Abnormal Social Psychology 66, 1963, S. 45 f.

G

GITIN, S.R.: A Dimensional Analysis of Manual Expression. Journal of Personality and Social Psychology 15, 1970, No. 3, S. 271-277.

GOTTWALD, W.: Impulskäufe von Konsumenten. Dissertation Paderborn (in Vorbereitung).

GROSSKLAUS, R.H.G.: Verkaufsförderungsaktionen wirkungsvoll konzipieren und realisieren. Landsberg am Lech 1982.

H

HECKHAUSEN, H.: Motivation und Handeln. Berlin-Heidelberg 1980.

HEIDER, F.: The Psychology of Interpersonal Relations. New York 1958.

HEIDER, F.: Psychologie der interpersonalen Beziehungen. Stuttgart 1977.

HERKNER, W. (Hrsg.): Attribution - Psychologie der Kausalität. Bern-Stuttgart 1980.

HIRSBRUNNER, H.-P., A. FLORIN und S. FREY: Das Berner System zur Untersuchung nonverbaler Interaktion: II. Die Auswertung von Zeitreihen visuellauditiver Information. Methoden der Analyse von Face to Face Situationen. Hrsg. von P. Winkler. Stuttgart 1981, S. 237-268.

HOMANS, G.C.: Elementarformen sozialen Verhaltens. Köln-Opladen 1968.

I/J

IZARD, C.E.: Die Emotionen des Menschen. Eine Einführung in die Grundlagen der Emotionspsychologie. Weinheim-Basel 1981.

JONES, E.E. und K.E. DAVIS: From Acts to Dispositions: The Attribution Process in Person Perception. Cognitive Theories in Social Psychology. Hrsg. von L. Berkowitz. New York-San Francisco 1978, S. 283-330.

K

KELLEY, H.H.: Attribution Theory in Social Psychology. Nebraska Symposium on Motivation, Vol. 15, 1967, S. 192-238.

KELLEY, H.H.: Kausalattribution: Die Prozesse der Zuschreibung von Ursachen. Sozialpsychologie, Band 1. Hrsg. von W. Stroebe. Darmstadt 1978, S. 212-265.

KELLNER, J.: Promotions: Zielsetzungen, Techniken und Fallbeispiele. Landsberg am Lech 1982.

KONERT, F.-J.: Emotionale Erlebniswerte auf gesättigten Märkten. Arbeitspapier der Universität -GH- Paderborn 1984a.

KONERT, F.-J.: Vermittlung emotionaler Erlebniswerte in der Anzeigenwerbung. Arbeitspapier der Universität -GH- Paderborn 1984b.

KONERT, F.-J.: Vermittlung emotionaler Erlebniswerte. Eine Marketingstrategie für gesättigte Märkte. Würzburg 1986.

KROEBER-RIEL, W.: Konsumentenverhalten. 2. Auflage. München 1980.

KROEBER-RIEL, W.: Konsumentenverhalten. 3. Auflage. München 1984a.

KROEBER-RIEL, W.: Elend der Einheit. Manager Magazin 14, 1984b, Heft 5, S. 150-156.

KROEBER-RIEL, W.: Non-Verbal Measurement of Emotional Advertising Effects. Arbeitspapier des Instituts für Konsum- und Verhaltensforschung der Universität des Saarlandes. Saarbrücken 1984c.

KROEBER-RIEL, W. und G. MEYER-HENTSCHEL: Werbung. Steuerung des Konsumentenverhaltens. Würzburg-Wien 1982.

L

LAUSTER, P.: Statussymbole. Stuttgart 1975.

M

MAHL, G.F. und G. SCHULZE: Die Klassifikation extralinguistischer Phänomene. Vokale Kommunikation. Hrsg. von K.R. Scherer. Weinheim-Basel 1982, S. 94-104.

MALEWSKI, A.: Verhalten und Interaktion. Tübingen 1967.

MAYER, H., U. DÄUMER und H. RÜHLE: Werbepsychologie. Stuttgart 1982.

MEERMANN, A.: Anzeigenwerbung und Attribution. Arbeitspapier der Universität -GH- Paderborn 1984.

MEHRABIAN, A.: Nonverbal Communication. Chicago 1972.

MEHRABIAN, A.: Räume des Alltags oder wie die Umwelt unser Verhalten bestimmt. Frankfurt-New York 1978.

MELDMAN, N.J.: Diseases of Attention and Perception. Oxford-London 1970.

MEYER, W.-U. und H.-D. SCHMALT: Die Attributionstheorie. Kognitive Theorien der Sozialpsychologie. Hrsg. von D. Frey. Bern-Stuttgart-Wien 1978, S. 98-137.

N

NIESCHLAG, R., E. DICHTL und H. HÖRSCHGEN: Marketing. 14.
    Auflage. Berlin 1985.

NIRENBERG, J.S.: Verstehen und überzeugen. München 1980.

O

OSGOOD, C.E.: Dimensionality of the Semantic Space for Com-
    munication via Facial Expressions. Scandinavian Journal
    of Psychology 7, 1966, S. 1 f.

P

PLUTCHIK, R.: Emotion. A Psychoevolutionary Synthesis. New
    York 1980.

R

RUHLEDER, R.H.: Verkaufstraining intensiv. Grafenau 1984.

S

SCHERER, K.R. (Hrsg.): Vokale Kommunikation. Weinheim-Basel
    1982.

SCHERER, K.R. und H.G. WALLBOTT (Hrsg.): Nonverbale Kommuni-
    kation. Forschungsberichte zum Interaktionsverhalten.
    Weinheim-Basel 1979.

SCHMIDT-ATZERT, L.: Emotionspsychologie. Stuttgart u.a.
1981.

SCHLOSSBERG, H.A.: The Description of Facial Expressions in
two Dimensions. Journal of Experimental Psychology 29,
1941, S. 497 f.

SCHOCH, R.: Der Verkaufsvorgang als sozialer Interaktionsprozeß. Winterthur 1969.

SCHUKART, P.: Die Aktivierungstheorie als Bezugsrahmen einer
käuferorientierten Kommunikationsstrategie. Diplomar-
beit Paderborn 1985.

SHETH, J.N.: Buyer-Seller Interaction, a Conceptual Frame-
work. Readings in Consumer Behavior. Hrsg. von M. Wal-
lendorf und G. Zaltman. 1. Aufl. New York 1979, S. 135
f.

STROEBE, W.: Grundlagen der Sozialpsychologie I. Stuttgart
1980.

SVENSON, C.H.: Introduction to Interpersonal Relations.
Glenview Ill. 1973.

W

WEINBERG, P.: Das Entscheidungsverhalten der Konsumenten.
Paderborn u.a. 1981.

WEINBERG, P.: Beobachtung des emotionalen Verhaltens. Innovative Marktforschung. Hrsg. von der Forschungsgruppe "Konsum und Verhlalten". Würzburg-Wien 1983, S. 45-62.

WEINBERG, P.: Vom Preis- zum Erlebniswettbewerb. Absatzwirtschaft 3, 1986, S. 87-91.

WEINBERG, P. und W. GOTTWALD: Impulsive Consumer Buying as a Result of Emotions. Journal of Business Research 10, 1982, No. 1, S. 43-57.

WEINBERG, P. und F.-J. KONERT: Emotional Facial Expressions in Advertisements. Advances in Consumer Research 11. Hrsg.   von T.C. Kinnear. 1984a, S. 607-611.

WEINBERG, P. und F.-J. KONERT: Messung produktspezifischer Erlebniswerte von Konsumenten. Planung und Analyse 11, 1984b, Heft 7/8, S. 313-316.

WEINBERG, P., F.-J. KONERT und A. MEERMANN: Emotionale Gesichtsausdrücke in der Anzeigenwerbung. Arbeitspapier der Universität -GH- Paderborn 1982.

WINKEL, G.H.: Einführung in die Umweltpsychologie. Stuttgart 1977.